HISTORIA DE UN ADIÓS QUE NUNCA FUE

Cesar Eduardo Hernández Covarrubias

Índice

Guadalajara, Jalisco a 12 de julio de 2022

Estimado lector:

Primeramente, quiero agradecerte el interés por leerme. Yo soy una persona común que pasa desapercibido en cualquier zona de la ciudad. Quizá y con algo de casualidad alguna vez coincidimos en el tren ligero o en el centro de la ciudad y no notaste nada especial en mí. La verdad es que no soy escritor, a lo mucho soy una persona muy sentimental con lápiz, papel y una historia por contar y eso es lo que me llevó a compartirte estas palabras.

Me disculpo por no tenerte una historia con duendecillos y bosques encantados, la verdad es que no alcancé una de esas. Esta historia es muy real, cruda y amarga. No soy creativo, no puse mucha imaginación en el libro, casi todo sucedió al pie de la letra. Es mi pasado el que te estoy compartiendo, son mis sentimientos, es mi reflexión sobre un evento doloroso y la pongo para ti. Te lo cuento con mucho cariño como un amigo te confía una de las más tristes escenas de su vida.

Y no soy... y no aspiro a ser un escritor renombrado, tengo algo que contar, eso y nada más. En lo que yo escribo no hay éxito, solo la sensación de desahogo. No lo leas si no estás dispuesto a entregar una o dos lágrimas. No lo leas si no disfrutas de la literatura cruda, sin poesía y con sobrecarga de sentimiento, pero, sobre todo, no lo leas si no crees que al leer la última palabra habrá un cambio positivo en tu sentir.

Deben de saber que no es un libro para critica; no intento ser bueno, solo intento expresar lo que siento. No lo compares con grandes obras, pues solo es obra, nunca grande.

Y si estás sufriendo una pérdida, el mejor consejo que tengo para ti es: vive tu duelo, llora suficiente, drena el dolor llorando y si no, con canciones y si no, con literatura y si no, con cualquier otra forma de arte, pero no lo dejes en ti, no lo guardes para ti. Deshazte del dolor y conserva el recuerdo. Agradece el tiempo compartido y ya que lloraste suficiente, y ya que te deshiciste del perro "hubiera", prepárate para continuar, pues no sabes lo que te espera cuando vuelva a salir el sol.

Cesar Eduardo Hernández Covarrubias

Capítulo I

Descubrí que no es como dicen, que hay que sonreírle a la vida para recibir un buen gesto a cambio. Perdí mucho tiempo anhelando esa felicidad de la que todos hablaban. Fue en vano y con los días empecé a conformarme con alegrías pasajeras y poco frecuentes, después todo fue peor, hubo momentos en que ya no esperaba alegrías, solo un poco menos de dolor. Papá se fue cuando yo era muy joven, cuando aún necesitaba de él. Nunca sabré cuánto le lloró mamá, pero lloró lo que yo no pude... lo que no me permití. Él no estaba tan lejos, a penas a una llamada de distancia, pero a veces una llamada se convierte en tanto. Por mi parte trataba de llevar mi vida lo más normal posible, nunca quise que la ausencia de papá fuera mi estandarte. También traté de evitar que la lastimosa historia de amor de mis padres marcara mis relaciones. Si amaba como papá lo hizo, no me apegaría a nada ni a nadie. Sería una paloma sin dueño; un día dormiría en la torre de una catedral y al siguiente bajo un tejaban. En cambio, lo hice como mi madre, decidí entregarme completamente a los brazos de la dama que los abriera a compartir una historia conmigo. Durante los primeros años de mi juventud amé y me supe amado, aunque nunca gané. El final feliz no llegó jamás y vaya que lo intenté. ¿Sería que había algo mal en mi ser, que al final de todo, la historia de mis padres si tuvo impacto en mí? No lo sé, pero me cansé, dejé de intentar casi por completo encontrar el amor. En mi último intento conocí a Lara, la dama más bella que han visto mis ojos, me mostró su lado más dulce y de cuando en cuando me dejó ver el más amargo. Fue así, poco a poco, que me enamoré de ella. La amé sin considerar que era ajena. Fuimos cómplices, nada más, solo cómplices.

Por años la vida me "bendijo" con material para escribir quince libros, pero todo cambió en el momento en que le di la espalda al amor, cuando no quise saber más de Lara. Mis mañanas se volvieron tedio y mis noches rutina. Por momentos llegué a pensar que la vida me había olvidado. Después de golpearme por años con grandes pérdidas, desamores y tristezas, simplemente se olvidó de mí.

¿Vida? Ya no podía presumir una. Era verdad que no me encontraba tres metros bajo tierra, pero ¿qué clase de vida puede tener un individuo sin amor y sin dolor, si no es una insípida? Primero me refugié en mi empleo que adoraba, pero en los últimos meses comencé a verlo de una manera totalmente detestable. Los pobres obedecían a otros pobres que, por ganar unos pesos más que los primeros, defendían los intereses de unos cuantos ricos. Era una escalera de al menos diez niveles donde el de más arriba era más arrastrado que el que le seguía. Y los de abajo gozábamos del privilegio de ser nombrados por nadie, ni para mal o para bien, con la desventaja de que podíamos ser remplazados en dos minutos.

Una mañana caminé por un costado del centro comercial en el que laboraba. Las luces del pacillo se encendían intermitentes mientras yo reflexionaba;

Quizá la mejor etapa de mi vida se ha ido sin tomarse la molestia de escribir una carta de despedida. ¡Carajo! Y no tenía ni veintitrés. No dejaba de preguntarme lo que sería de mí los próximos cuarenta años que me restaban si no me pasaba un carro por encima o me pegaba un tiro por culpa de la monotonía. Además, si era cierto que mi mayor sonrisa fue con aquella morena que conocí en la escuela, entonces no me quedaba más que esperar una vida llena de dolor, pues prefería ampliamente el dolor antes que una vida desabrida. Mientras tuviera una mirada para olvidar o unos labios para besar, aún tenía un sentido, una razón de ser. En cambio, sin nadie por quien llorar o con quién hacer el amor, mi destino era una soga en el cuello.

"Esta mañana de septiembre presenta un semblante distinto" pensé. Me detuve un momento en el puente peatonal para observar el paso de los automóviles por el periférico de la ciudad. "Fue una noche larga, y estresante, además. Nunca se sabe lo incongruentes que pueden ser los jefes" me dije mientras miraba el reloj que indicaba un cuarto para las siete, "no debe de tardar". Entonces noté un minibús de la ruta 712 aproximándose tangente a la tienda de donde salí. Al llegar, una muchachita de cabello ondulado agradeció al chofer y bajó de la unidad. Puntual, como siempre. En ese momento mis ojos la siguieron hasta verla ingresar al edificio. Nunca se saben los peligros que tienen preparadas las calles a estas horas y por eso cuidaba los pasos de esa chica hasta donde me era permitido.

Así eran mis mañanas; después de pasar toda la noche acomodando la mercancía de un señor multimillonario dueño de una cadena internacional de centros comerciales y de recibir un regaño casi siempre injustificado de mi inexperta jefa, caminaba fastidiado a tomar el autobús que me devolviera a casa no sin antes hacer una parada en el puente peatonal para esperar a una chica con la que no cruzaba palabra alguna y verla llegar a salvo. Ese momento era el único que conseguía conmoverme en todo el día. Después me iba a casa para descansar.

Como mencioné antes, la vida me había dotado con material para escribir quince libros, todos emocionantes, todos prometedores y mi alma de escritor seguro se aprovecharía de ello. Para entonces creí que ya nada podía sorprenderme, pero el destino lo tomó como un reto y llamó a mi teléfono esa tarde con voz de mamá.

—Hola hijo, ¿Cómo estás? ¿Qué has hecho? Ya no me has llamado—

—Bien, gracias. Perdón, mamá. Sabes que llego cansado del trabajo y ya por la tarde las horas se me van volando— En realidad no era eso lo que ocurría, pasaba horas recostado mirando hacia la nada, con grandes intenciones de escribir, pero sin conseguirlo realmente.

— ¿Qué estás haciendo? ¿Cómo te fue hoy?

—Voy llegando de hacer compras— contesté mirando la caja de cereal, el papel higiénico y el rastrillo que fue para lo que ajustó mi salario.

—Te llamé para algo en específico, pero no sé cómo decírtelo. Eduardo, prefiero que lo escuches de mi voz. ¿Supiste lo que pasó con Dany?

—Dany mi primo, Dany el vecino, Dany el hijo del carnicero... ¿Cuál Dany? —pregunté—.

—Dany, tú amigo... Lo acaban de matar.

Y el silencio se hizo presente por un puñado de minutos.

—Bueno... Eduardo... ¿Sigues ahí?

—Sí, mamá, aquí estoy. Estoy bien, luego te llamo.

Colgué esa llamada solo para llenar mi cabeza de pensamientos tormentosos;

Muy en el fondo sabía que mi amigo terminaría de esa forma, pero hice caso omiso a mi predicción. El barrio se había vuelto un campo de batalla y él no pisaba firme desde años atrás en que nos separarnos... pero... y ahora, ¿qué debía sentir...? ¿Qué debía hacer...? ¿Cuánto me debía doler?

Ilusamente creí que lo podía controlar. En ese momento no sentí nada, teníamos años sin hablar, yo lo creí lejos de mi vida y sentimientos. Continué mis actividades sin relajo.

Unas horas después, camino al trabajo pase por su casa. Estaban dos de sus hermanos y su papá dando la noticia a unos vecinos que se acercaron. Me aproximé cabizbajo y me uní a la conversación.

—No sé lo que ocurrió. Estaba todo el tiempo en la calle. Incluso, en ocasiones no llegaba a dormir —decía su papá—. Estaba como deprimido, no sabía lo que quería de su vida.

—No estaba en nuestras manos pa', así tenía que ser —contestó Salvador, uno de sus hermanos.

Conforme avanzaba la plática me iba llenando de más y más detalles de su muerte. Se decían muchas versiones de lo ocurrido, como no me consta ninguna, prefiero no manchar su nombre con especulaciones. Entre lamentos y búsquedas de culpables pedí hablar con Jesús, su hermano mayor. Salió de su casa muy sereno, como sedado. Contó un poco su versión y pidió que fuéramos discretos para evitar que su mamá se perturbara. Para entonces todo me parecía ajeno, seguro iba a poder enviar un ramo de flores al velorio y continuar mi vida con toda tranquilidad, sin embargo, siempre fui un hombre de reflexión, de sentimientos. Es por eso que el recuerdo no me dejó en paz. El autobús

rumbo al trabajo marchaba lento, las calles estaban solas y calladas. El ambiente perfecto para recordar. Esa mitad de hora duró una eternidad, me urgía correr a los brazos del más cercano a contarle la pena que empujaba mis lágrimas a su salida... y así fue.
Esteban no era mi amigo, ni mi confidente, solo era una excelente persona, un gran baúl de secretos y el mejor compañero de trabajo que he tenido. Me regalaba su tiempo para escuchar mis historias de desamores. Esa noche iba de salida del centro comercial cuando lo detuve sin palabras, tomé su hombro y lo abracé con todas mis fuerzas y lloré. Lloré de dolor, lloré de coraje... lloré de impotencia.
Esteban, que bien conoce mi historial, de inmediato se apresuró a preguntar:
—Y ahora, ¿por quién lloras?, —insinuando que era por una de las tantas mujeres que había amado en el pasado. Me hubiera gustado explicarle mi sentir inmediatamente, pero mi llanto que mojaba sus ropas no dejaba que mi boca dijera palabra alguna, y él insistió— No sé qué suceda, pero seguro se solucionará. Debes dejar de entrometerte en la vida de mujeres con pareja.
En otro momento su comentario me hubiera sacado una risotada por la verdad que escondía, pero en ese instante me encontraba destrozado.
Mientras mi llanto hacía una pausa para buscar reservas y seguir brotando, aproveché y se lo hice saber;
—Mataron a mi mejor amigo— le dije gimiendo. No comenté más, las lágrimas no me lo permitieron.
En ese momento comprendí que toda mi vida había llorado en vano: el amor estaba lleno de altibajos seguros, no valía la pena el llanto por aquel que solo jugaba conmigo, por el que un día estaba y al otro se marchaba sin dar aviso. Sin embargo, Daniel se había ido para nunca más volver y mi dolor atentaba con prolongarse hasta el día de mi muerte.
¿Qué le dices a alguien que acaba de perder al que adoptó como su hermano? En ese momento lo más sensato que puedes hacer es guardar

silencio y ceder tu hombro hasta que logre poner pausa a su tristeza, ¡Eso! Una pausa, ya que ambos sabíamos que no sanaría pronto.

****

Y si pudieras elegir entre la realidad en su momento más doloroso y un universo alterno echo a tu medida, ¿a dónde irías? Yo seguramente huiría a los brazos de mi querida Lara, la misma que pretendí durante casi dos años. Le robé sus mejores momentos: sus mejores besos. Sin embargo, no logré arrebatarla de los brazos de un insensible, el imbécil amante de su cuerpo. El que me robó el derecho de estar a su lado por tener la suerte de llegar antes que yo a su vida.

Esa noche abandoné la razón y llegué a su puerta.

— ¿Qué haces aquí y a estas horas? — preguntó ocultando alegría.

—Quería verte, ¿sabes?, no me siento muy bien y esperaba que me recibieras en tus brazos.

—Alguien nos puede ver —dijo mientras divisaba la periferia—

—No tenía otro lugar para ir.

—Pasa, ¿Te sirvo un café? Es una noche fría.

—Helada —contesté al tiempo que le tomaba la palabra y caminaba hacia su sofá lleno de recuerdos— ¡Claro! un café me vendría bien.

—Expreso— ambos coincidimos—. Sonreí y ella hizo lo propio—. Siempre te gustó el expreso —dijo con seguridad mientras mi mirada caía hasta su alfombra y mi sonrisa desaparecía.

—Lo mataron— dije al dejar fugarse una lágrima.

—Lo sé, tu hermana me lo contó en una llamada. Mencionó también que quizá vendrías —dijo cuando colocó su diminuta mano sobre mi mejilla y en un movimiento eficaz retiró una lágrima.

Me gustaría describir la melancolía que sentí en ese momento. Ella me fue negada por la vida misma. Intenté todo, todo en verdad, pero sus fantasmas siempre fueron más fuertes que yo. A penas conseguía abrazarla y su pasado la arrebataba de mi lado con una brutalidad espantosa. Mientras se aferraba a mis brazos, una fuerza impresionante la tomaba de la cintura y jaloneaba al lado contrario. Esa fue mi mayor batalla, la cual está por demás mencionar que perdí. Esa oscilación... ese vaivén de emociones y sentimientos nos ató de por vida, nos unió con una fuerza inagotable. No sé transmitirlo, pero algo ocurría con nosotros; no importaba el tiempo, la distancia o los amores que pasaran por nuestras vidas, principalmente en la mía. Podían correr meses sin saber uno de otro y aun así vivir con la seguridad de que la próxima vez que nos cruzáramos, continuaríamos en el punto donde nos quedamos. En realidad, no era necesaria palabra alguna en nuestros encuentros.

—Te amo— me decía con la mirada.

—No te dejo de amar— le respondía.

—Pronto estaremos juntos— Prometía.

Esto por dar un ejemplo, pero era increíble el límite al que llevábamos la comunicación. Podíamos decirnos mil cosas, cosas realmente significativas, cosas para las que aún no se han inventado palabras. Ella era, sin duda, la persona indicada para platicar esa noche.

— ¿Cómo podré con ello? — pregunté desubicado mientras movía la cabeza de un lado a otro, lleno de angustia y confusión.

—Esperaba que tú lo supieras— Se inclinó para estar a mi altura—. Eres la persona más inteligente que conozco. Cuentas con un entendimiento muy peculiar de los sentimientos. Yo desconozco de muerte y luto y aunque sé que tú también, si alguien puede con esto, eres tú. ¡Lo resolverás! —Levantó mi cara—. Llora lágrimas efectivas y sana lo antes posible que muchos te necesitamos—. Entonces y sin yo esperarlo, me besó suave y lentamente. Suave como lo es el aleteo de la mariposa, al ritmo de aquel vals que compartimos en diciembre. La tomé de su delgada cintura y ya de pie, sus ropas me estorbaron. Una a una, fueron cayendo con su blusa y su sostén por delante. Su cabello era lacio, por si aún no lo menciono; su espalda blanca y lisa, ideal para recorrerla con mis dedos sin urgencia.

Podría intentar describir a Lara, pero sería en vano, seguramente fallaría. Mi manejo de la literatura no es el adecuado, mejor se lo dejo a Neruda o a Borges. Si escribo que era realmente bella me quedaría corto, sería una manera sosa y simple de decirlo. Lara era mucho más que eso. Es increíble lo dulce y amargo que se recuerda la belleza en tiempos de melancolía. Lara era un capricho del Todopoderoso. Me gustaba pensar que cada cierto tiempo, generación tras generación creaba una mujer más impecable que la anterior. Siempre quitando un poco de esto y agregando un poco de aquello buscando su propia complacencia y satisfacción. Lara era el eslabón de ese caprichoso experimento del Todopoderoso con el que tuve la suerte de toparme una tarde-noche de sábado. Lara no era perfecta, ella no era el culmen de su experimento. Lo que, es más, ni siquiera creo que estuviste cerca, pero esa chica tenía algo realmente especial. "Realmente bella" ... sus ojos no eran muy grandes, su cabello no era muy largo, su sonrisa no era exagerada. Su imperfección era ideal, por decirlo de alguna manera. ¿Y qué decir de su cuerpo soñado? En mi delirio la escaneé suavemente de extremo a extremo con las yemas de mis dedos. Desde el sitio donde el cuello se convierte en cabello, hasta el punto en que la espalda hace curva. Cada punto ciego de su ser. Le dimos a ese sillón una historia más para callar. Pasaron las horas, y nosotros de la sala a la habitación. Entre caricias y besos caímos rendidos, abrazados uno del otro. Me faltó tiempo para celebrar mi reencuentro con mi amada. Se hizo tarde y mientras cerraba los ojos en mi sueño, en mi mundo escuchaba una voz que decía —¡Despierta! Ya tenemos que seguir—, y recobré el sentido recargado en la mesa del comedor de la empresa. Todo fue un sueño, uno de esos que suceden una vez en la vida, de esos que te dejan con la duda de haber sido reales. Lo cierto es que Lara estaba ausente de mi vida. El último día se fue de mi casa muy decidida a no volver más. Yo no sabía si significaba el final, pero lo más probable es que sí, que a mí me tocaba olvidarla para siempre y ese adiós definitivo que tanto temor me había dado decirle ahora era inminente. En silencio bajé a continuar mi labor.

****

Las horas pasaron lentamente frente a mí como una mala película ochentera. Cuando terminó, me encontraba en casa con mi hermano, quien vivía conmigo, tratando de decirme algo.
— ¿Qué sabes de Dany?
— ¿De Dany? —pregunté confundido, esperando procesar lo que Víctor trataba de decirme. Me encontraba aturdido, como boxeador después de dónde rounds. Quizá las jornadas nocturnas comenzaban a causar efecto en mí. Escuchaba las voces como lejanas y tenía la vista algo nublada.
—Sí, ¿fuiste a su casa?
—Hablé con Jesús, no saben mucho, están esperando que les entreguen el cuerpo el día de hoy— Durante esos días se habían encontrado varias fosas clandestinas a las afueras de la ciudad, eran decenas de cuerpos en el forense, se podía esperar que tardaran con el de Dany.
— ¿Irás a verlo? — preguntó mi hermano.
— Si voy, se me renovarán recuerdos. Hermano, sabes que soy una persona sentimental, no sé qué impacto tenga el que vaya a ese sitio. Por otro lado, si no voy me quedaré con la angustia de que hoy puede haber hecho algo, si no por él, por su familia. ¿Tú irás?
—Sí quisiera, pero...
—Si no vas, lo entenderé... y ellos también— dije interrumpiendo su falta de justificación. Quería hacerle ver que no era necesaria una explicación, trataba de entender su postura ante la situación ya que también fue su amigo y, al igual que yo, no sabía cómo afrontarlo. Él siempre fue una persona muy sensible y aprensiva. Se esforzaba por no crear recuerdos dolorosos y tenía razón, sufrir era realmente inútil.
—... ¡Eduardo! ¿Me estás escuchando? — dijo con voz más alta provocándome un susto.
—Iré a dormir —dije levantando la cabeza, más no la mirada—. Quizá por la tarde tenga noticias.
Después de esa plática caminé hacia mi habitación: un cuartucho al fondo de la casa cruzando el patio de terracería. En las paredes había

más manchas de humedad que partes pintadas. Con cortina en lugar de puerta y unas cajas en lugar de buró. Me recosté en mi cama y cerré los ojos rogando al Dios del sueño se compadeciera de mí y me sacara de esta pesada realidad, pero no me escuchó.

Capítulo II

Henri F. Amiel, filósofo sueco, dijo una vez que el tiempo no es sino el espacio entre nuestros recuerdos. De manera aledaña, siglo y medio después, Gabriel García Márquez escribió "la vida no es la que uno vivió, sino la que recuerda y cómo la recuerda para contarla" al inicio de su libro "Vivir para contarla".

Yo no sé cómo selecciona nuestra memoria lo que recuerda. No sé, según García Márquez, cuánto vivimos en verdad y no sé qué tan fiel sea un recuerdo con la realidad. Podemos vivir lo que nunca recordaremos y podemos recordar lo que nunca vivimos. Yo no recuerdo mi séptimo cumpleaños, pero sí el quinto; no recuerdo el día que me gradué de la secundaria, pero sí mi primer empleo. De la misma manera, esa mañana de insomnio no recordaba el día que conocía Dany ni el día en el que supe que era mi mejor amigo, pero el último día que lo vi estaba muy presente en mi cabeza.

Años atrás, no sé exactamente cuántos, tuvimos una última conversación:

—Qué onda Chato, ¿cómo estás? —, dijo al encontrarnos después de un tiempo sin tener contacto.

¿Chato?, tenía tanto que nadie me decía de esa forma. Jamás me gustó ese apodo, me parecía un tanto despectivo. Sin embargo, en él sonaba natural.

— ¿Qué tal, Dany? — contesté dejando en duda mí respuesta a su pregunta. En realidad, estaba muy bien. Me encontraba a punto de terminar la preparatoria y, próximamente iniciaría mi licenciatura en educación primaria. También tenía un modesto trabajo en el que ganaba lo suficiente para solventar mis gastos y un poco más. En cuanto al amor, era mi mejor etapa; desde meses atrás caminaba de la mano de la bella Marifer quién me amaba enserio. Mi familia pasaba por un momento de estabilidad. Estabilidad emocional y económica. Poco había por mejorar en mi vida, pero no se lo hice saber. Él caminaba por otra vereda, gustaba de los placeres inmediatos y tomaba riesgos innecesarios. Era increíble los rumbos tan separados que tomamos.

— ¿Qué has hecho? —insistió—.

—No mucho; estudiar, trabajar. ¿Y tú? ¿A qué dedicas tu tiempo?

—A puro trabajar, ahorita no estoy estudiando.

Yo conocía esa parte, al ser vecinos poco nos podíamos ocultar. No presté interés en alimentar la conversación, pero él se quedó parado como esperando a que continuara la charla. Quizá pretendía que nos pusiéramos al tanto uno del otro o, quizá, pensaba revivir la relación que tiempo atrás se sofocó. Lo cierto es que en ese momento le hacía falta emoción a mí vida aburrida. Era tan normal, tan rutinaria y yo no lo lograba ver. Tenía una vida de trámite. Me hacía falta un amigo, un confidente... un compañero.

Me despedí de Dany y seguí mi camino con un "hasta luego". Sin darme cuenta, estaba aceptando continuar mi vida sin volver a cruzar una palabra con él; sin darme cuenta, era una despedida para siempre.

****

A papá no le gusta la palabra "adiós", dice que se utiliza cuando la despedida es definitiva, que no debo mencionarla hasta que esté seguro de no volver a ver a esa persona. Cuando decimos adiós nunca sabemos lo que tratamos de decir; si es "cuídate", "hasta pronto", "te voy a extrañar", "no te vayas" o todas a la vez.

A papá, el que se fue de la casa sin despedirse cuando yo era un niño, el que solía visitarnos todos y cada uno de los sábados por la tarde y de un momento a otro dejó de hacerlo un año atrás sin avisar, a ese hombre no le gustaba la palabra "adiós"

Dejé mi absurdo intento por dormir, me levanté por lápiz y papel para escribirle a mi viejo:

Hola, papá

Poco he sabido de ti en los últimos meses y lo entiendo, sé que estás ocupado, pero hoy te necesito. ¿Recuerdas el consejo que me diste? Ese en el que mencionabas que solo dijera adiós a quién ya no volveré a ver. Déjame decirte, papá, que no funciona. Una tarde negué un "adiós" siguiendo tu consejo. Ayer maratón a mi amigo, yo me quedé con el "adiós" en los labios y un hueco en el corazón.

No sé qué ocurra en los próximos días y no sé si volveré a verte. Es por eso que, aún que no te guste, te lo diré;

Adiós, papá

Y cerré mi cuaderno. "Otra carta que no entregaré", me dije al aventar la libreta y recostarme mirando al techo.

Papá no era un mal hombre, ni mal padre, pero no sabía dónde estaba o con quién estaba, seguro caminaba por las mismas calles que yo.

La Tierra siguió rotando y el día maduraba poco a poco, así, con tanta normalidad... así, como si no hubiera un incendio dentro de mí. Buscaba la manera de detener el reloj, de que entendiera que necesitaba un par de horas o años, para comprender lo que ocurría. Sin embargo, por mucho que detuviera las manecillas, el sol continuaba cambiando de posición, recordándome lo imponente que era el Padre Tiempo.

Un par de intentos después, mis ojos pidieron tregua y se cerraron lentamente. Al pasar unas cuantas horas desperté esperando tener notificaciones nuevas en mi celular, pero no ocurrió.

Era el vigésimo sexto día del noveno mes, el cumpleaños de Bere, mi hermana menor. No era cualquier cumpleaños, era el número dieciocho, edad en la que en la que te conviertes en ciudadano legal lo cual te permite votar y todas esas cosas que no me importaban mucho. Había que festejarlo, una semana antes nos habíamos citado en un café del centro de la ciudad.

Vestí de negro, es lo que se hace, ¿no? Cuando alguien muere todos a su alrededor se pintan de luto. Además, en cualquier momento podía recibir una llamada de Jesús dándome hora y lugar en que velarían a mi amigo.

Hubo mucho silencio en aquella cafetería esa tarde.

—Mis cumpleaños ya no volverán a ser iguales, nunca he podido celebrar a gusto —exclamó Bere con evidente molestia—.

—No tienes por qué estar así, él no decidió qué día morir. Son cosas que no se pueden controlar —le contesté un tanto ofendido—.

Y el silencio nos volvió a envolver, pero solo a nuestro alrededor pues, dentro de mí, había un debate.

«Si se pudiera escoger qué día morir, ¿Cuándo me iría? Quizá un 3 de agosto o, probablemente, a inicios de invierno» eran cosas que pasaban por mi cabeza. Recuerdo cuánto me aterraba el invierno en mi depresión dos años atrás. No soportaba sentir el frio de las fiestas decembrinas aproximarse a mí. Y ahora, el solo pensar en una navidad sin compañía traía mi tristeza de vuelta. Sí, seguro me iría antes de que callera el invierno.

— ¿Por qué callas? —preguntó.

— ¿Por qué lo haces tú? —contesté mientras el mesero nos servía el café.

—No sé qué decir.

—No te preocupes, nadie lo sabe. Es mejor el silencio que un desabrido «está en un lugar mejor».

Noté la incómoda posición en la que ponía a mi compañera al entonar esas palabras y me prometí no repetirlas de nuevo en los próximos días. Por mi bien y por el de las personas que, con la mejor intención me brindaban consuelo a su manera, agacharía la cabeza en signo de gratitud. Era mejor engañarlos con la idea de que cumplían con su misión a desilusionarles con la realidad de que sus palabras eran inútiles. De ser así tendría que explicar por qué y no deseaba agotarme mencionando que no creía en que mi amigo se había marchado al cielo o al infierno.

Sin embargo, mi hermana era extremadamente inteligente, a su corta edad dibujaba, pintaba y escribía mejor que yo. Sin mencionar los cientos de libros que había introducido a su cabeza. Es por eso que, sin dudarlo, empeñé todo mi esfuerzo en explicarle mi sentir.

—Discúlpame, es que no sé qué pensar, no sé qué sentir. Por un lado, es bella la popular creencia de que nos espera una vida eterna, además de ser portadora de la esperanza.

— ¿Cuál esperanza? —interrumpió—.

—De que un día concluiré mis asuntos con Daniel.

— ¡Oh! Eso —exclamó agachando la mirada—. Y, ¿por el otro lado?

—Por otro, es aterrador pensar que viviremos sin descanso. Por eso, me refugio en mi propia creencia basada en conclusiones personales después de leer dos o tres autores: No somos cuerpo, si no, alma. El cuerpo se nos presta por unas horas o años en nuestro paso por la Tierra. Cuando termina, el cuerpo y el alma que en vida fueron uno, se separan. El cuerpo se queda un tiempo aquí, rodeado de las personas que en vida le quisieron. Dándonos la ilusión de que nos estamos despidiendo del que un día amamos, siendo que la que está en el cajón, es solo la parte física.

— ¿Y el alma? ¿A dónde va? —Preguntó confiando en mi sabiduría—.

—Lo mismo me pregunto yo —contesté con los ojos húmedos—.

Lo demás que recuerdo de esa cita es a mi hermana seria, como perturbada. O tal vez así estaba yo.

Capítulo III

El día se despidió y llegó una peculiar oscuridad. El frio como de diciembre continuaba acariciando mi piel. Mi chaleco acolchado no era rival para ese clima. Mandé un mensaje a Jesús y contestó con la ubicación de la sala de velación. Mencionó también que probablemente por la madrugada llevarían el cuerpo. No quise hacer más preguntas, no pretendía incomodar al doliente. Llegué a casa y mientras buscaba las llaves de la puerta sonó mi celular. Era mi hermana, Lety quien ya había recibido la noticia y preocupada preguntaba mi sentir.

— ¿Cómo estás?

—Bien, gracias. Mejor de lo que creí.

— ¿Seguro? ¡Me preocupas! ¿Felicitaste a Bere?

—Sí, estoy tranquilo. La vi hace un rato, estaba angustiada. Tiene su propio sentir ante la situación. ¿Podrías hacerme un favor? ¡Márcale! Quizá quiera hablar contigo al respecto.

—No te preocupes, yo me encargo. Tú me intranquilizas, ¿cómo te sientes?

— ¿Cómo me siento? No sé cómo me siento. Lety, la tarde de ayer mataron a mi amigo —y suspiré—.

— ¿Qué pasa? —preguntó—.

—Mataron a mi amigo, a mi mejor amigo. En realidad, al único amigo que tuve en la vida. Teníamos años sin vernos y, en ese tiempo, nadie me volvió a hacer sentir verdadera amistad. Me hubiera gustado decirle unas palabras antes de que se marchara, que supiera lo importante que fue en mi vida.

— ¡Habla con él! ¡Estoy segura de que te va a escuchar! —Dijo ignorando mi opinión al respecto—.

No tenía humor para explicarle. Mi amigo había muerto, no tenía bases para creer que estaba en algún lugar que no fuera mi pensamiento. Así que me limité a decir:

—Gracias por escucharme. Estaré bien, es una promesa. Voy a descansar. Mañana será un día largo, hablé con Jesús y me dijo dónde lo velarán.
—Descansa.
En cuanto terminó la llamada, saqué mi lado nefasto y critiqué a la sociedad.
"¿Habla con él? ¡Gran idea!" me dije con sarcasmo. "¿Por qué no lo había pensado antes?" continué. Esa y todas las frases que escuché durante el día no servían más que una palmada en la espalda.
Aun qué, pensándolo bien, no era tan mala idea. Dany no se había ido aún, permanecía aquí. Al menos en mi memoria, al menos en mis recuerdos, al menos... en mi corazón. Era verdad que ya no podía sostener una conversación con él, no podía despedirme ni hacerle ver lo importante que fue para mí, pero esas palabras estaban dentro de mí y me estaban quemando.
Abrí la puerta y noté que Víctor no estaba en casa. Tomé lápiz y papel, y comencé a escribir.

Guadalajara, Jalisco a 26 de septiembre de 2018

Querido amigo;

Te fuiste, me lo dijo mamá por teléfono y el periódico esta mañana. Aún había ciento un cosas por decirte. Fuimos niños, fuimos estúpidos y fuimos rencorosos. Y aunque es verdad que fuimos todo lo que debíamos ser, también lo es que no tenías que morir tan joven. En estas cosas hay imprevistos, lo sé y lo acepto, pero, ¿Sabes qué es lo que más me duele? El no haberme podido despedir. No haber tenido la oportunidad de estrechar tu mano y después de un fuerte abrazo decirte "lo hiciste bien, campeón, te agradezco por el tiempo compartido; por aquella bella infancia. Ahora descansa". ¿Pero quién me creo para merecer tal privilegio? Soy un humano más. Hoy te toca partir y a mi llorar. ¿Cuánto? No lo sé. El cuerpo tiene límites que el alma no respeta. Hoy, querido amigo... hoy que la despedida es definitiva, sin opción de prorroga ni intermedio... hoy que recuerdo con tanta y tanta tristeza a mi joven amigo. Hoy que he puesto los pies, las manos y el pecho sobre la Tierra. Yo, el hombre de las mil cartas simplemente no sé qué decir. Y aun así escribo.

¿A ti qué te digo si ya no estás? A mí deséame que me vaya bien, buen amigo.

Luego de un par de horas de recuerdos, dejé el texto sobre la mesa y cansado me fui a dormir.

****

Era una tarde cualquiera, de esas en las que estaba perdiendo el tiempo. Acostado en un sillón, quizá con dolor de cabeza, sin lograr concebir una idea clara de lo que quería de mi vida. Era una tarde como cientos que tuve hundido en la tristeza después de la boda de Alessandra. Pero esa tarde en específico ocurrió algo extraño. Un sentimiento distinto a cualquier otro que me haya invadido, al que sólo puedo llamar angustia, llegó a mí. En un salto tomé mi chaqueta y antes de que abriera la puerta, mamá me abordó;

— ¿A dónde vas? ¿No te dolía la cabeza?

—Voy a visitar a alguien, no tardo.

Unos instantes después, me encontraba frente a la casa de Daniel. Arrojé un suspiro.

Toqué la puerta esperando que él abriera. Él siempre abre, no imaginaba que esta ocasión sería distinta. Sin embargo, lo fue. La puerta se abrió y salió su mamá recibiéndome con una sonrisa.

— ¿Cómo estás, hijo? —Preguntó con gran efusión—. Hace tiempo que no venías, ¿qué pasó? ¿Daniel y tú se pelearon? ¡Pasa, estás en tu casa!

Su voz era tan cálida y acogedora como cuando niño. Siempre fue buena conmigo. Ella pensaba que era buena influencia para su hijo, lo que no sabía, era que la manera en que Dany había influido en mí era lo que hoy le daba sabor a mi vida.

—Muy bien señora, gracias por preguntar. ¿Y ustedes? ¿Cómo han estado? —contesté con el mismo entusiasmo—. Con permiso —y entré a la finca.
Sentí un clima agradable, como familiar. Todos los momentos que pasé en ese sito se me vinieron de golpe, incluso esa navidad que preferí quedarme a acompañar a mi amigo enfermo de varicela que salir a jugar con los demás. Sin embargo, había algo peculiar en esa casa, era un silencio que aturdía y se metía hasta el fondo de mi cabeza. Años atrás, en mi infancia, ese lugar estaba lleno todo el tiempo. Siete hijos tuvieron María y Pedro, entonces no había espacio para el silencio.
— ¡Toma asiento! ¿Quieres un vaso de agua? —preguntó servicial—.
—Estoy bien, gracias. ¿Qué tal le ha ido a Jesús? ¿Viene seguido? —dije mirando una foto familiar en la pared—
—Está bien. Trabaje y trabaje. Viene cada fin de semana. Pero cuéntame, ¿Qué te trae por aquí? —y se sentó frente a mí—.
—Estaba en casa viendo la televisión. Es pésima, ¿sabe? Las caricaturas son decadentes, los shows bobos y los noticieros nefastos. Incluso los comerciales han perdido el sentido, eso es terrible considerando que los pasan 40 % del tiempo en la televisión abierta y...
—Lo extrañas ¿no es así? —dijo con seguridad en sus palabras—.
— ¡Sí, lo extraño! —Y agaché la mirada.
—Yo también.
La miré sorprendido mientras continuaba.
—Hace un par de días que no viene a dormir, me preocupa, algo le está sucediendo. Cada noche le pido a Dios, para que lo traiga de vuelta a casa.
— ¿Qué día es hoy? —Pregunté alarmado—.
—25 de septiembre. Miércoles 25 de septiembre.
Miré la hora y dije en voz baja: "debo irme".
— ¿Qué dijiste?
—No... nada. Me tengo que ir, señora.
—Pero acabas de llegar.

—Acabo de recordar que tengo una cita, después regreso, —y salí corriendo del lugar.
— ¡Cuídate! Ven pronto, Dany te necesita —Gritó con esperanza de que contestara, pero yo seguí corriendo.
Una cuadra, dos. Miré la hora y seguí corriendo; tres, cuatro cuadras. No tenía la menor idea del tiempo del que disponía, así que corrí más rápido, forzando mis piernas a niveles casi inhumanos. Saltaba machuelos, burlaba carros, esquivaba gente... ¡me urgía llegar! Las personas a mis costados me miraban con cara de derrota, como si supieran mi destino. Corrí con un nudo en la garganta, con dolor en el pecho y la suela de mi zapato derecho destrozada. Cuando me aproximaba al lugar de la cita, estando a solo unos metros, sonó el estruendo de un arma de fuego dentro de una casa. Vi cómo caía el cuerpo de mi amigo frente a mí y con él caía yo de rodillas.
Y me desperté llorando.

Capítulo IV

Esa mañana, al tomar mi celular noté un mensaje nuevo. Era Jesús notificando que el cuerpo de su hermano ya estaba en la casa funeraria. Me vestí rápidamente y caminé hacia la concina donde se encontraba mi hermano desayunando. Estaba callado, quizá pasaba por un duelo interno. Nuestra plática del día anterior no había sido la mejor y, desde entonces, no habíamos cruzado miradas o palabras. Me acerqué en silencio, pensé en evadir el tema, pero la charla fue inevitable.
— ¿Ya te vas? —dijo con expresión nula y voz desquebrajada, sosteniendo una taza de café.
Papá era el culpable de nuestro endurecido corazón, entiendo que el mundo sea cruel, pero no es motivo para esconderte en un caparazón, que, además, es frágil como pétalo de rosa. Jamás hablé con papá al respecto, pero siempre creí que odiaba mostrar debilidad. Prefería, antes, ocultarse tras sus lentes oscuros a tener que explicar por qué estaba roto. Quizá, allá en su infancia le repitieron una y otra vez que los hombres no lloran. O tal vez lloró frente a alguien que solo se burló de su pena. Como quiera que fuere, pobre de mi viejo, es duro cargar con el peso del orgullo. A consecuencia, en varias ocasiones vi a mis hermanos o a mí mismo rotos por dentro y aparentando por fuera. Simulando que todo estaba bien e implorando en silencio un abrazo. Me alegraba que esa etapa hubiera terminado para mí, ahora lloraba cuando tenía ganas de llorar y reía... reía cuando la vida me lo permitía.
—Sí, me acaban de avisar que ya está ahí.
—Quizá vaya más tarde —dijo mirando a la nada.
—Me avisas para hacerte saber la ubicación —contesté.
En ese momento ambos necesitábamos un abrazo, sin embargo, no estábamos preparados para ello. Si Víctor rompía en llanto, yo no podría soportarlo. Nunca fui capaz de soportar el llanto de un caballero.

Todos tenemos una debilidad, alguna situación que nos parte el alma en instantes, que en verdad nos toca el corazón. Yo, por ejemplo, moría de dolor cada vez que veía a un hombre destrozado, al borde de la locura y herido hasta la raíz. Una dama es, por naturaleza, más sensible. Un hombre concebido en el régimen machista que hoy, sin prenderlo, alimento con mi comentario tiende a ser más orgulloso, y aquello que lo haga doblegarse... que lo force a mostrar la nobleza en su etapa más pura, suele ser algo verdaderamente conmovedor. Así pues, conservo en la memoria la única ocasión en que vi en esa situación a papá. Estaba parado junto a la tumba de los abuelos. Como de costumbre, traía lentes negros y una chaqueta del mismo color. En su mano un pañuelo y en los ojos melancolía y tristeza. Tristeza que sus gafas no podían ocultar pues su piel enrojecida lo delataba. De pronto, una lágrima cayó y le siguió otra. Papá era un árbol, fuerte como un roble. Ese día cedió ante el suave viento y yo lloraba con él.
Solo tomé una manzana madura que estaba en la barra y me despedí de Víctor.

****

Subí a un bus. Mientras miraba por el espejo sentí una peculiar desesperación por hacer una llamada.
Alessandra... mi amada Alessandra. Creció junto a Dany y a mí, vivía a solo unas puertas de la mía. Era una joven de mi camada, gozaba de buenos sentimientos y se sabía tan tímida como yo. Dentro de ella había algo que brillaba, algo que no podía pasar desapercibido al entablar una conversación. Se trataba de su nobleza cuidadosamente combinada con su sencillez. No era hermosa, pero era muy linda. Aquél que estuvo enamorado hasta el alma sabe perfectamente a lo que me refiero. La conocí por ser la hija del tendero, el señor Cortez. Mucho tenía que hacer esa mañana a mi lado esa preciosa dama. Tomando mi mano, consolando el llanto. Sin embargo, se encontraba a varios kilómetros de distancia. Allá, donde no me podía abrazar.

Nuestra historia es fácil de contar, pero difícil de digerir. Tuvo cuatro etapas perfectamente definidas. La primera comienza el instante el que la conocí: era tan pura, tan única; tan alegre y encantadora. Aún se me acelera el corazón al recordar su sonrisa, su peculiar forma de ser. No entiendo qué hacía un ángel de esas dimensiones en este sitio, lo que ahora puedo obviar es que no duraría mucho su armonía, pues era tan frágil, tan inocente. Qué cruel fue su Dios al darle alas y mandarla a donde seguro se las arrancarían. Este mundo no estaba hecho para ella, ni para nadie que se le pudiera medir.

Durante años estuve ausente de mí, buscando un espacio en su corazón. Si bien no puedo presumir que lo logré, tampoco puedo renegar que no lo hice. Nunca lo supe, nunca le pregunté. Yo era un chiquillo tímido y me limitaba a hablarle de amor solo en mis sueños, dónde teníamos una vida ideal.

Recuerdo las locuras que hacía por esa chica. Cuando el reloj me lo permitía, solía salir de la escuela hecho humo, corría cinco minutos para alcanzar el autobús de la 1:30 que me dejaba a cinco cuadras de mi casa, las cuales se convertían en una muy inclinada pista de atletismo donde la meta era solo una. Si todo se coordinaba; si mi profesor de ética estaba de buenas; si el camionero no se detenía a discutir con algún imprudente; si mi mochila no estaba más cargada de lo normal, conseguía llegar a tiempo para verla salir de su casa rumbo a la escuela. No mencionaba palabra alguna, solo me regalaba una sonrisa. Esa sonrisa era el equivalente al beso eterno que creí que nunca le robaría.

La primera etapa de nuestra historia concluyó un par de años después, cuando llegó su decimoquinto cumpleaños. Fui invitado para formar parte de su grupo de chambelanes en el que se encontraba su hermano, un par de primos y yo. La primera vez que rodeé la cintura de una dama fue bailando ese vals con mi amada Alessandra. Cualquier ritmo nos quedaba y no discriminábamos ninguna canción.

Hoy estoy en posición de decirlo, nunca fui tan feliz cómo entonces. Si me pertenecieran... si estuvieran en mi posesión y si tuviera un negociante interesado, daría los siguientes años desperdiciados en amores complejos y falsos sentimientos a cambio de revivir ese instante una vez más. Pero no funciona así. En otras palabras, lo que fue se quedó atrás. Aun que volviera a vivir la misma experiencia, no viviría la misma sensación de alegría... el mismo sentimiento. Mi único consuelo es el recuerdo, pues al término de esa fiesta murieron mis esperanzas con Alessandra. A partir del siguiente día, su indiferencia hacía mí creció poco a poco hasta crear un abismo entre nosotros. Así, como si me lo hubiera buscado... así, como si de verdad no me quisiera en su vida. La duda me invadió.

Alessandra fue la primera mujer en mis brazos, por eso es que insisto, mucho tenía que hacer esa mañana en mi vida, pero estaba lejos, donde no la alcanzaban mis manos, donde no se escuchaba mi llanto.

La segunda etapa con Alessandra, la viví sin ella. Comenzó al cumplirse un mes sin saber nada de mi Chaparra, cuando entró a mi vida Marifer, "mi buen amor". Tres años me ausente de los brazos de Alessandra, tres años con un pequeño paréntesis de dos horas. Debo aclarar que no me siento cómodo al hablar al respecto de lo que ocurrió en ese día, le envío todo mi respeto y cariño a la familia de la involucrada. Un año después de la fiesta de Alessandra, cuando más distante me encontraba de ella, una de sus grandes amigas se quitó la vida. No entraré en detalles que desconozco y que poca falta le hacen a mi escrito, solo diré que yo conocí a esa chica... yo la vi reír y en ratos llorar... yo recuerdo sus ojos saltones y su delgada figura; su piel morena y un peculiar lunar bien ventilado. Guardo un minuto de silencio en nombre de esa chica, de todo lo que fue y lo que sigue siento en los corazones de los que la recordamos, en especial de mi niña, Alessandra. Esa tarde, después de la ceremonia de despedida de la joven, vi a Alessandra en pedazos, rota por doquier. Tomé todo lo que tenía... todo lo que representaba... mi humilde existencia y se la entregué en un abrazo buscando unir sus partes. Ese apretujón duró un instante pues ella me sabía ajeno. Después de esa triste escena no volví a saber de mi pequeña por dos años más. No me quedé para velar su duelo, no lavé sus cicatrices, no supe cuántas lágrimas le lloró a aquella amistad. Cuando mi etapa con Marifer concluyó, regresé en busca de la que siempre amé. Yo ya no era el mismo que se marchó, a lo mucho, conservaba mi nombre, mi peinado y mi amor por Alessandra. En mi retiro sucedieron muchas cosas: viajé, subí, bajé y en ratos volé. Conviví, lloré y jugué, soñé y, ¿por qué negarlo?... también amé. La chica que me acompaño todo ese tiempo fue la mejor introduciéndome al amor.

Mucho disfruté esa época, pero ya había acabado junto con la segunda etapa. Cuando me puse frente a Alessandra, inició la tercera etapa: la más bella de todas. Estaba listo para besarla... deseoso de que supiera que jamás la dejé de amar. ¡Lástima! No era el mejor momento para regresar. Quizá en unos años cuando ya no sufriera mi ausencia, o treinta y cinco meses atrás, cuando aún no causaba herida. La encontré deshecha, sin guarida... sin un hombro para recargar las penas. Mientras no estaba, la vida se encargó de atacarla en múltiples ocasiones. La enfermedad que sufrió su madre y el alcoholismo de su hermano fueron solo dos de los problemas que tuvo que enfrentar. Los problemas familiares, la tensión escolar, la pérdida de una gran amiga y la falta de apoyo provocaron que el buen corazón de mi Alessandra se cubriera en una fina capa de roca dura. Qué cruel fue su Dios al darle un corazón tan bueno y mandarla a donde seguro se lo romperían.

Alessandra conocía de dolor, sabía lo que era ver a su compañera de vida en un ataúd, por eso y muchas cosas más, mucho tenía que hacer esta mañana a mi lado, pero no estaba.

Al encontrarme con ella no intenté jugar el papel de héroe, mi primera reacción fue implorar perdón por una ausencia que yo no había provocado. Poco importaba, pues el daño ya estaba hecho y de nada me valía flagelarme por ello. En esta ocasión fui valiente... esta vez fui un verdadero hombre al confesarle mi sentir y proponerle que caminara a mi lado sin importar el rumbo, solo pensando en que íbamos uno junto al otro. Ella tomó mi mano y caminamos durante los siguientes dos años

en la que fuera la más bella relación que tuve. Las palabras me faltan para describir lo ocurrido entre nosotros, nos conectamos enserio, nos volvimos uno. Si no hubiera sido tan cobarde hoy tendría tanto y tanto amor, y ella hubiera estado conmigo esa fúnebre mañana. Pero le fallé y, sin darme cuenta, me fallé. La tercera etapa terminó el día en que le dije adiós mientras que, ella llorando rogaba que no me fuera.
La cuarta etapa es simple de explicar. Ella pidiéndome que regrese... yo negándome... ella resignándose... yo con un alter ego... ella de la mano de otro hombre... yo previniéndola de que era un imbécil... ella sintiéndose enamorada... yo agachando la mirada... ella seria... yo implorando su regreso... ella embarazada de un patán... yo hundido en la depresión... ella en su boda... yo, en ninguna parte... ella formando una familia... yo intentando rehacer mi vida... ella extrañándome... yo extrañándola... ella arrepintiéndose... yo arrepentido... ella llorando por sus decisiones... yo maldiciendo las mías... ella maltratada, humillada y violentada por un supuesto hombre... yo con los brazos atados... ella volviendo a casa de sus padres con un bebé en brazos... yo ofreciéndole mi apoyo... ella tomando mi mano... yo creando una nueva ilusión... ella dudando de sí misma y de su valor para enfrentar los cambios... yo abriendo mi mano para que se marchara evitando la pena... ella regresando a los brazos de su imbécil de cabecera... yo callado, sin expresión, sin sentimientos... ella, mi eterna compañera... yo, su eterno amante.
Nuestra historia era tan bella como cruel, juntos conocimos el amor... juntos conocimos el dolor. Mucho tenía por hacer esa mañana a mi lado, era mi amiga... mi compañera, la que siempre estuvo y siempre estará, por eso la llamé una y otra vez, hasta que el buzón me convenció de que ya no estaba disponible para mí.
Mucho tenía por hacer esa preciosa dama a mi lado, pero ya había agendado con su destino.

Mucho tenía por hacer mi niña en mis brazos, limando las angustias de mi corazón, amortiguando el dolor, pero estaba donde no podía alcanzar sus labios, donde mi mirada no divisaba sus ojos tristes.
Dejé de engañarme, dejé de insistir. "Esta con otro", me convencí. Mientras seguía mi camino hacia la casa funeraria.

Capítulo V

Le indiqué al chofer que bajaría y caminé un par de cuadras. Pronto me di cuenta de que me equivoqué de parada, estuve tan distraído en el camino que no noté que me pasé por medio kilómetro del lugar. Mi remedio más directo fue caminar hasta el sitio. Llegué temprano, eran las ocho de la mañana... o las seis de la tarde quizá. La puerta estaba custodiada por Salvador, uno de los hermanos de Dany, al cual saludé con media sonrisa y los ojos caídos. Él, por su parte, tomó un cigarrillo de una cajita de metal en su bolsillo y siguió mirando al horizonte. "¿Será que está esperando a alguien?" pensé. Se le miraba ausente, al parecer no compartíamos realidad alguna. Seguí caminando mientras mi mente paseaba imaginando lo que vería allá adentro. Era más de lo que mostró Salvador: un montón de gente desubicada, buscando su patria. No soporté la primera impresión y mandé a mi alma al pórtico a fumar un cigarrillo junto al hermano de mi amigo. Permaneció ahí, mirando el horizonte por un par de minutos. Cuando volvió a mí, crucé la sala de espera y divisé a Jesús quien me miró con ojos que hablaban y me decían «Qué bueno que estés aquí, él no esperaría menos de ti» Llegué con él y ya con su voz me saludó:
— ¿Cómo has estado? —pregunto.
Entre el trabajo y la soledad me tenían azorado, un par de días atrás me dieron la noticia de la muerte de mi mejor amigo. No tenía nada por festejar, pero no podía contestar de esa manera, el receptor tenía su propio dolor que intentaba contener como presa en temporal de huracanes.
—Bien —contesté en un intento por regalar calma.
—En la barra de atrás hay café y pan y todo lo que se da en estos momentos —dijo invadido de ironía.
Estaba en todo su derecho de hacer cualquier tipo de comentario, por más absurdo que pareciera. Bien podía perder la cordura, correr a la

calle gritando de dolor, haciendo una rabieta a la vida sin tener que preocuparse por lo que la gente pensara. Yo vi como una parte de él se moría por hacerlo mientras era contenida por las paredes de su cuerpo. Quizá es lo que nos hacía falta en los momentos de sumo dolor: despedirnos de nuestra parte humana... olvidarnos del absurdo "debes de...". A la fregada con el que no entienda tu dolor y lástima para el que jamás ha amado lo suficiente como para perder la cabeza de dolor.

—Enseguida voy para allá. ¿Cómo está tu mamá? —pregunté sin esperar una respuesta positiva.

—Velo tú mismo, está en la sala de velación, es esa puerta de allá —y señaló el portal.

Di unos pasos hacia el lugar, pero antes de que pudiera llegar recibí una llamada:

—Bueno.

—Hola, ¿cómo estás? ¿Ya estás ahí? —preguntó mi prima, Pau, tras el teléfono. Pau era mi prima más cercana y amiga de toda la vida. Desde la infancia estuvo a mi lado. Cuando éramos niños ella, Alessandra, Dany, un grupo de niños más y yo, solíamos jugar todas las tardes juntos. Cuando crecimos nos alejamos un poco, pero yo siempre la tenía presente.

— ¡Hola! Sí, ya estoy aquí. Enseguida te mando la ubicación. Sí vendrás, ¿no?

—Estoy dejando todo listo en el trabajo. Dame una hora y llego ahí.

—Claro, aquí nos vemos. —Y colgué para seguir hacia la sala de velación.

Al entrar a aquel sitio, noté que estaba repleto de gente: las mismas personas que lo hubieran acompañado el día de su boda. Estaban todos, menos el tío que viaja desde Puerto Melaque y siempre se emborracha; todos, sin contar al grupo de amigos de la infancia; todos, menos el primo que toca en un conjunto musical; estaban absolutamente todos, a excepción de los que sabían que esto no era una fiesta, sino un velorio. A decir verdad y sin intentar engañarme, esa habitación estaba vacía. Su mamá, la esposa de uno de sus hermanos y un par de mujeres rezando era toda la compañía que tenía mi amigo. «Quizá es muy temprano» pensé.

Al fondo de la sala y acompañado por una vela en cada esquina, estaba el cajón. A su derecha, pegado a la pared, una corona de flores con la inscripción "Q.P.D. Daniel Alejandro Ochoa Castillo. De la familia Covarrubias Sandoval".

Por unos momentos, la decepción invadió mi cabeza. ¿Cómo fue posible que Dany terminara de tal manera sin que yo hubiese metido las manos?... hubo un silencio casi absoluto solamente interrumpido por los rezos de las cuatro mujeres.

"Santa María, ruégale a Jesús que perdone su alma, que la lleve al cielo, que por él ha muerto clavado en la cruz..."

Repetían sus plegarias a manera de cántico. Cuando cesaron, me acerqué a María, la madre de Dany, que se encontraba a unos pasos del ataúd. Al verme se sonrió del alma, pero conservó su mirada sin expresión.

—He fallado como amigo —le dije al colocarme a su derecha.

Y eso era poco decir, el único amigo que me había regalado la vida estaba a unos metros de mí, recostado, sin movimiento, sin espíritu. Una bala le había robado su ser ¡Claro que había fallado como amigo! Durante años tuve una vocecita en mi cabeza que me advertía del posible destino de Dany, pero yo siempre hice caso omiso. Ahora estaba pagando las consecuencias de mi inmadurez, de mi rencor hacia el que me acompañó en mi infancia.

—No es tu culpa —aseguró sin dirigirme la mirada.

—Usted es testigo de la estima que tenía por su hijo, él fue un hermano para mí.

—Yo lo vi, te agradezco que estés aquí —dijo agachando la mirada—. ¡Mira nada más cómo nos lo dejaron! —continuó al dirigirse al cajón y comenzar con otro rezo.

"Padre nuestro que estás en los cielos..."

En ese instante vino a mi cabeza un pasaje de mi vida con Dany. Cuando niños, solía ir por eso de las cinco o seis de la tarde a su casa para invitarlo a un partido de futbol. Cada tarde, a la misma hora aparecía en su puerta buscando a ese delantero nato. Siempre salía con el balón en una mano y sus tenis en la otra, de puntitas, buscando el silencio para que su mamá no se diera cuenta de que iba de salida. Nunca logró burlarla.
— ¿A dónde van? —nos decía desde la cocina.
—Vamos a jugar futbol, ma' —contestaba sonrojado.
—No irán a ningún lado hasta que recen un Padre Nuestro conmigo, —nos decía con singular entusiasmo—. Dany y yo nos veíamos a los ojos y decíamos al unísono «Padre nuestro que estas en los cielos, santificado sea tu nombre...». Al terminar salíamos a echar patadas. El día siguiente lo volvíamos a intentar. Pasó el tiempo, le perdí la pista a mi amigo y un día el Padre Nuestro no volvió a salir de mi boca.
Así son las ironías de la vida, después de pasados los años, ahí estaba de nuevo rezando junto a su mamá, pero esta vez con una diferencia: en esta ocasión ella ya no tenía entusiasmo y yo... yo ya no tenía amigo.

****

Me sorprendió la quietud que manejaba esa mujer, no la consumía el dolor ni la irá, tampoco radiaba tranquilidad, se mantenía en el margen de lo socialmente aceptable sin descuidar el sufrimiento por su hijo. Valla mujer, por ese momento logró lo que toda madre desearía frente al ataúd de su hijo: paz y calma.
Al terminar una oración me retiré a un sillón que se encontraba en un costado de la sala, de pronto Jesús me abordó
— ¿Ya lo viste? —preguntó sin angustia.
¿Verlo? Yo no deseaba verlo, un disparo le había deformado su cara, ¿qué le hacía pensar que quería recordarlo de esa manera? Ese par de días creí que al llegar encontraría el cajón cerrado para evitar la curiosidad de los morbosos, en cambio, llega su hermano y me sugiere que borre la última imagen que tenía de él seis años atrás, sonriendo,

reluciendo de alegría y la remplace por una angustiante toma de su cuerpo sin vida recostado en ceda. ¿Y cómo me iba a afectar el ver su cara golpeada por el destino? Era totalmente comprensible que entrara en pánico. Sin embargo, yo no era ningún cobarde. Yo elegí estar ahí para compensar seis años de ausencia y si bien no podía dárselos a él, se los entregaría su familia sosteniendo un poco de su dolor, quitando un peso de encima. Jesús estaba tan solo como yo. Quizá por su decisión o quizá fue la vida la que eligió así. Esa mañana teníamos mucho en común, ambos compartíamos el dolor de haber perdido a un hermano, ambos estábamos solos en esa habitación... sin un hombro a nuestro alcance.

—No lo he visto —contesté resignado a lo que se avecinaba.

— ¡Ven, acompáñame!

Dimos unos pasos hacia aquel féretro y nos detuvimos frente a él. Nunca fui capaz de soportar el llanto de un caballero y ese instante no fue la excepción, Jesús dejó escapar lágrimas sinceras y yo hice lo propio. Fue una muerte muy trágica, una bala debajo del ojo izquierdo no te la daban de regalo de cumpleaños.

Me resulta complicado, aún pasados los años, el describir el cuerpo en ese cajón. Su piel, ya no era su piel; su cuerpo, ya no era su cuerpo y el cúmulo de maquillaje en su cara intentaba borrar el moretón que dejó el arma. Hoy puedo atestiguar el impacto que tuvo esa imagen en mí. Más que doloroso, fue insoportable. Su piel estaba inflamada y aunque logré sacar esa escena de mi cabeza, aún me causa terror mirar imágenes similares.

Acaricié la vitrina como intentando alcanzar su mano, al caer en cuenta de que no, agaché la mirada. En mis manos traía años de historias, alegrías y tristezas; triunfos y desilusiones, traía cientos de sentimientos, cientos de recuerdos, cientos de aventuras y todo se lo venía a ofrendar al pie de su reposo. Así se concluía nuestra historia: un joven sin vida parado frente a su amigo que recién murió. No importaba el orden, al ser dos, uno estaba condenado a enterrar al otro. Mi consuelo era saber que él no tuvo que pasar por esa pena.

Miré al que estaba detrás del cristal y yo rogaba escucharle decirme de nuevo ese apodo que tanto detestaba. Yo ya estaba listo para contarle cómo me había tratado la vida. Ya era mi momento para retomar la amistad que un día dejamos inconclusa. Quería decirle que en los últimos años me había hecho falta el apoyo de un amigo, que todo el tiempo lo extrañé y no lo sabía. Qué humano me vi al valorar lo que ya había perdido. La regla más básica de la vida, los niños nacen con ella tatuada y yo fallé.

Vi a mi delantero estrella con una herida de bala donde solo debería de haber entrado la sonrisa de una dama. Había en él un traje muy elegante y su peinado característico. Lo vi... y no me fragmenté, no me rompí, no me eché a llorar y me preocupó porque yo no era un hombre fuerte, no había razón alguna para estar parado frente al cuerpo muerto de mi segundo hermano sin doblegarme.

Capítulo VI

Me perdí por un instante. Quizá mi alma se marchó por segunda vez a fumar un cigarrillo con Salvador que no dejaba de hacerlo en el pórtico, o qué se yo. Últimamente ocurría que me quedaba mirando fijamente un punto y al siguiente instante, me encontraba en un lugar distinto haciendo cosas distintas. Probablemente era culpa de las desveladas, ya comenzaban a intentar asesinarme. De esa manera, en un momento miraba el cuerpo de mi amigo caído y, de pronto, me encontraba sentado a la otra orilla de la sala mientras Jesús me repetía no sé qué cosa.

—... hermana.

—Perdón, ¿dijiste algo? —pregunté mientras regresaba a la escena.

—Digo que ahí está mi hermana, ¿la recuerdas?

— ¡Claro! iba conmigo en la escuela —dije sin abrir pie a que se tocara el tema del tiempo en que fui su enamorado.

La dama recién llegada caminó hacia nosotros y saludó con singularidad, así, cómo si no supiera cuántas hojas gasté escribiendo su nombre en el colegio. Contesté con falsa indiferencia diciendo su nombre.

—Voy por café, ¿gustan? —pregunté a los hermanos.

—Estamos bien, gracias —contestó Judith

Saliendo de la sala de velación, estaba la sala de espera y a mano izquierda se encontraba un tipo jardín. Era un sitio bastante elegante para mi gusto. En el jardín estaba la barra y me acerqué esperando encontrar whisky, pero entre las opciones solo estaba "regular" y "descafeinado".

—Regular, por favor —dije a la chica que servía —. ... pero que sepa a alcohol —complementé. Ella se sonrió y yo contesté con una mueca medio desabrida que pretendía simular una sonrisa.

Y, ¿cómo iba a olvidar a Judith? con ella fue que descubrí mi afición de bohemio cuando aún me peinaba de honguito, cuando a duras penas aprendí a escribir mi nombre. Entonces, también aprendí a escribir el de ella para ponerlos juntos dentro de un corazón. A decir verdad, mi primer contacto con los Ochoa no fue como amigo de Dany, sino, como pretendiente de Judith, su única hermana. Judith fue mi compañera de clase desde siempre. Ella no era la típica chica popular a la que todos le escriben cartas el día de San Valentín, por el contrario, siempre buscaba pasar desapercibida. Aunque belleza no le faltaba, no era su mayor atractivo.

Probablemente vivir rodeada de tantos hombres le había forjado una personalidad distinta; era responsable y rebelde; seria y burlona; sabía perfectamente en qué momento guardar silencio y cuando reír a carcajadas. La peculiar personalidad de Judith atrajo por completo a este enamorado. Sin embargo, yo era todo un ñoño; sacaba buenas calificaciones, tenía mi propio grupo de perdedores y, de cuando en cuando, recibía una paliza por no saberme defender. Adicional a mi finta de teto, era un soñador, un romántico que no llegaba al metro cincuenta de altura.

Tuve muchas oportunidades de invitarla a salir, pero además de ser enamorado, era tímido. Una pésima combinación. Por ello me limitaba a mandarle tiernas cartas de amor anónimas y a admirarla desde lejos. Aún que, para ser sincero, nunca fui partido para ella, ya que radiaba madurez, a distancia se podía ver la seguridad con la que dominaba su entorno. En cambio, yo siempre tuve alma de trovador, lo cual me llevaba por el camino del drama. Él y la madurez son polos opuestos y, aunque la quise por años, nunca tuvimos más que una extraña amistad. Pero los tiempos eran otros. Después de diez años, ella era toda una mujer. Madre de dos pequeñas y esposa de un tipo que evidentemente no era yo. Todo siguió su curso: ella aún era una mujer segura y yo continuaba optando por el drama.

Agradecí a la señorita, aunque no tenía whisky y caminé al pórtico. Pasé a un costado de Salvador quien apenas me notó y siguió fumando. Me senté en una banca del parque de enfrente buscando despejar mi mente, pero yo era un pensador, mi mente no dejaba de trabajar ni en domingos ni en días feriados, menos en funerales. Era ridículo pues sabía que jamás iba a innovar en nada, pero tampoco estaba destinado a una vida normal. Tenía que conformarme con oscilar entre algo menos que la genialidad y un puntito arriba de una vida de trámite. Justo ahí, donde todo pesa más. A veces y por cortos periodos solía cruzar el límite hacía la izquierda y me aventuraba a lo común; salir a fiestas en grupo, invitar a una chica al cine y escuchar música corriente, pero no funcionaba para mí. Por otro lado, nunca fui un genio. Cruzar la frontera hacia el otro extremo estaba fuera de mis posibilidades, se me había negado de nacimiento y me limitaba a no aspirar a ello. Ahí, donde yo me posicionaba, cuestionaba todo sin posibilidad de hacer un cambio en lo que no toleraba. A lo mucho podía apartarme de lo que no me gustaba, pero eso me estaba convirtiendo en un ermitaño, en un "lobo estepario", decía Herman Hesse. En mi vida había más ausencias que presencias: la ausencia de papá, la ausencia de Alessandra, la ausencia de Lara, la ausencia de Dany. Esas por mencionar algunas por ser más pertinaces, pero podría continuar la lista.

Esa mañana, sentado en la banca del parque frente a la casa funeraria donde se velaba a mi mejor amigo, sosteniendo un vaso de café y no de whisky, me puse a reflexionar sobre los rituales católicos para despedir a sus muertos, pero antes de hacerle mención, es necesario recalcar que yo mismo fui criado en los brazos de la fe cristiana, a esa iglesia le debo todos los valores que hoy me hacen un mejor ser humano. Me abrigó durante toda mi infancia y parte de mi adolescencia, sin embargo, cuando supe que ya no tenía nada más por aportarme, opté por cortar el cordón y me retiré en busca de nuevas ideologías, está vez, no precisamente dogmáticas. La mayor parte de esta comunidad católica tiene mi cariño y respeto, sin embargo, no lograba entender su manera de despedir a los muertos: en el centro de una habitación se colocaba el cuerpo del que se marchó, si aún no estaba lo suficientemente podrido, le ponían un kilo de maquillaje y lo dejaban en un cajón abierto para que los demás pasaran a verle y algunos sintieran lástima por él, otros algo de morbo y unos más, un profundo dolor. Los poco allegados se quedaban media hora a lo mucho, era un incómodo evento al que tenían que asistir para callar su conciencia. Los dolientes se quedaban un año, así se sentía la o las noches que le velaban. Cuando les caía un poco más el peso de la realidad, era hora de llevar el cuerpo a la iglesia a presentarlo ante su Dios. Una hora de tranquilidad para muchos, pues mamá decía que lo peor venía a la hora del entierro.

—No vayas a hacer eso conmigo —le dije un día a mamá.

— ¿A qué te refieres?

—A meter mis pedazos de carne en un ataúd, a llorarme una noche y después depositarlos en un cementerio a donde irás cada aniversario a regalarme una oración. Si muero pronto, en cuanto te lo confirmen, olvídate de mi cuerpo y olvídate de mí. Haz de cuenta que nunca nací. Regala todo lo mío a quien nunca vuelvas a ver. Entrega mis cartas al destinatario, no importa que estén fechadas cinco años atrás. Dale mis escritos a Bere, pues seguro estoy que sabrá qué hacer. No me llores, mamá, te ruego que no me llores. Si tienes la fuerza, que yo sé que sí, haz que cremen lo que queda de mí sin los órganos que se puedan donar. No abraces las cenizas que yo ya no estaré ahí, solo despréndete de ellas y tíralas en el contenedor más cercano.

Mamá me miró con más molestia que preocupación y sin decir palabra, continuó sus actividades.

Qué ironía, esa mañana yo era de los asistentes que se sentían incómodos y comprometidos a venir, no porque Dany no fuera lo suficientemente importante para mí, sino, porque yo estaba convencido de que el que estaba en ese cajón no era mi amigo. Este se había marchado a no sé dónde y no había nada que yo pudiera hacer por él, ni en esa habitación vacía ni en casa jugando FIFA. Pero dolía y dolía enserio. No creí verme pronto en una situación así y francamente no sabía cómo actuar.

Entre mis delirios robó mi atención Salvador a quien yo lograba ver perfectamente, pero él parecía no ver más allá del humo que hacía el sexto cigarrillo que le vi fumar desde que salí. No estaba bien y él no lograba percatarse de ello. A mí me dolía lo ocurrido, de eso no cabía duda, pero no imaginaba lo que lograban sentir sus hermanos. En ese instante me propuse a guardar mi sentir por el resto del día. Ellos necesitaban ser escuchados y si no podía hacer nada por Dany, lo haría por su familia. Además, no podía creer la mala reputación que se había creado ese muchachito al haber muerto de tal forma, es increíble la de cosas que la gente puede deducir de ti tras tu muerte; si fue de cirrosis, eras tomador; si fue de diabetes, eras obeso; si fue de cáncer pulmonar, eras adicto al cigarro. Mi amigo murió de una bala en la cabeza y no lo bajaban de pandillero, asaltante y en sus disparates más grandes, de narcotraficante. ¿En qué cabeza cabe?, a mí no me causaban gracia sus teorías y no me interesaba saber en qué líos se había metido ni con quién tenía tratos, yo creía en el alma inocente que me acompañó cuando niños. Él era noble y sencillo, cabezadura al fin, pero humilde y poco me importaba con quien hacía tratos porque lo único de lo que tenía certeza es de que el mundo se había perdido de un alma buena. Qué poco sabían de la vida los que lo juzgaban sin criterio.
Pandillero, asaltante o narcotraficante, ¿qué más da?, en lo que a mí concierne, era mi amigo. Por esas dos razones me dispuse a no despegarme del lugar con bandera que decía «Tan mal se portaba este chico, que inspiró en mí la más grande amistad que hayan visto sus ojos». Caminé para con Salvador y le quité el octavo cigarro antes de que lo encendiera. Le di unas palmadas en la espalda y lo llevé adentro con los demás.

Capítulo VII

Al entrar de nuevo, caminé a la sala y me senté en un rincón. Desde ahí vi desfilar a un puñado de personas que hacían lo mismo como siguiendo un manual para funerales: se acercaban en manada a saludar a María; mientras unos le daban el pésame, otros se dirigían al ataúd a mirar con morbo. Momentos después se dispersaban en la sala. Al cabo de unos minutos, se escabullían uno a uno al patio por un vaso de café y en la primera oportunidad, se marchaban lo más rápido posible. Así miré a siete, tal vez ocho familias una tras otra. Cuando iba llegando la próxima, Jesús me habló de la otra habitación para que me sentara junto a él.

—Siéntate aquí, quiero que veas algo. Mira a esa muchacha que va llegando, en la entrada estaba platicando con Salvador.

Volteé discretamente. Se trataba de una jovencita de no más de dieciocho años, junto a ella marchaba un pequeñito que apenas lograba caminar. Moreno, chaparrito y de cabello alborotado.

—Dice que el niño es hijo de Dany.

Se me iluminaron los ojos al ver al pequeñín. Era idéntico a Dany cuando niño, allá en los tiempos en que lo conocí.

— ¿No sabías nada de él? —pregunté sin despegarle la mirada.

—No y según ella, Dany tampoco.

— ¿Cómo?

—Dice que se lo negó, le inventó que era de alguien más porque su familia no quería a Dany.

Era un dilema un tanto complicado lo que sucedió ahí. Pensé en acercarme pronto a ella para que me contara su versión, pero necesitaba el mejor momento. Mientras tanto llamó mi atención el pequeño y lo que éste representaba.

El humano, así como el resto de los seres vivos, tienen sentido de supervivencia, pero solo los seres humanos cuentan con el sentido de trascendencia. No se quieren ir del mundo, incluso después de su

muerte. Es por eso que se aseguran de dar motivos, buenos o malos, para ser recordados y se aseguran también de dejar quien los recuerde y, de ser posible, quien esté hecho a su imagen y semejanza. La vida del que fallece es el recuerdo del que vive. Ya que Dany murió, lo más vivo que nos quedaba de él era el pequeño con ojos enormes que robó su imagen. Quizá era motivo de consuelo, de que no todo estaba perdido.
Me distraje un momento de la escena y me subí a un recuerdo. Una tarde-noche del invierno pasado, mientras Lara y yo veíamos películas solos en mi habitación me mostró una foto en su teléfono. Era un pequeño de ojos verdes, piel blanca y regordete, traía un mameluco de vaquita y sonreía a la cámara.
—Mira —dijo interrumpiendo nuestro momento de risotadas.
— ¿De quién se trata? —pregunté animado por la sonrisa del bebé.
—Es una foto que me encontré en internet. Es bobo, lo sé, —sonrió al agachar la mirada— la guardé porque quiero uno así.
Inmediatamente me asusté por mi inexperiencia, por mi inmadurez, mi inestabilidad emocional y económica, pero más me asustó cuánto amaba a esa mujer, porque consideré la idea.
—El tono de piel lo logramos, los ojos verdes... probablemente, pero ese niño está muy cachetón. Tú y yo somos muy delgados, pero podemos intentarlo.
Reímos a montones por lo ridículamente serio de la plática. Me acerqué lentamente y besé su frente muy despacio, ella acarició mi mejilla y me besó fuertemente los labios. Entonces supe que había entendido mi mensaje. Nos recostamos en la cama y se puso sobre mí, abrió sus piernas y comenzó a juguetear con mi entrepierna. No dejaba de besarme. Mi mano, que paseaba por su cintura fue levantando poco a poco su blusa que de nada le servía en ese momento. Por su parte, se deshizo de mi camisa y yo de su sostén, la tomé con mis dos manos de sus caderas y en un movimiento me puse sobre su cuerpo. Mis labios se fueron de paseo a no sé dónde, pero a ella parecía gustarle, porque se estremecía y su respiración era más y más rápida. Cuando menos lo

esperé, me aventó con todas sus fuerzas. Yo creí que todo había acabado, que le había llegado uno de esos arrebatos de remordimiento y pronto se marcharía, pero, en cambio, se bajó el pantalón lo más rápido posible y me pidió con la mirada que hiciera lo mismo. Mirada más de fiera que de humano. Había despertado en ella tanta pasión que se lanzó sobre mí y aún con ropa interior frotaba su punto medio con el mío. Todo mientras besaba mi cuello. Cuando se cansó de hacerlo y creí que todo terminaría, bajó su trusa y rompió la mía. Estábamos piel a piel, sin que nada estorbara. Entonces le di una voltereta y la vi a los ojos: era hermosa, tanto como jamás podré describir, mucho más del alcance de mis palabras. Por ese instante, por ese humilde instante volví a creer en un Dios, ¿y cómo no hacerlo? Si la belleza de su divino cuerpo solo pudo haber sido obra de un ser supremo. Calmé por completo los ánimos al acercarme despacio a su cuello, más hacia su oreja izquierda y la besé poco a poco, sin prisa y ella cerró sus ojos. Levanté sus brazos sobre su cabeza y con ella tranquila, casi como sedada, me introduje una y otra vez. Ella solo gemía muy bajito. La abracé, ella hizo lo propio y ya en esa posición; unidos del alma, del cuerpo y del corazón, me dijo "te amo".

Esa noche hicimos el amor por primera y última vez. A la mañana siguiente, cuando me desperté, ella estaba sentada al inicio de la cama:

—Debo irme —dijo sin mirarme.

Yo sabía que sería así, era obvio cuando toco mi almohada: después de serlo todo, lo que restaba era convertirnos en nada. Y nada fuimos después de su partida. Perdimos lo que había y lo que pudo haber. Perdimos cualquier tipo de contacto y ambos fingimos que nada pasó, ni esa noche, ni en los meses atrás en que tanto nos dimos.

Ella estaba enganchada a aquel hombre y a pesar de que su relación había terminado tres meses atrás, ella sentía que lo estaba traicionando. Su remordimiento era grande y podría llevarla a entregarse esa misma noche a él en señal de arrepentimiento. Me atormenté patéticamente imaginando lo que sería de ella la próxima vez que se le entregara a aquél.

Solo el que ha conseguido el cielo una noche y ha caído a la Tierra, que seguro estoy que es más dura que el infierno, en la mañana siguiente, sabe lo que yo sufrí los siguientes días y hasta la fecha. Nuestra conexión, que iba más allá de cuerpo, alma y corazón... hasta la mente, me hacía falta en estos momentos. Hacía falta quien entendiera a mi cabeza y me la explicara. Hasta el momento ella y solo ella lo había conseguido. Rápido tomé mi teléfono y me puse a escribir un mensaje de texto:

«Estoy en el funeral de mi mejor amigo. De verdad te necesito.»

Estaba escribiendo su número que me sabía de memoria, cuando escuché a alguien que gritaba mi nombre desde la entrada:

—Eduardo —dijo nuevamente mi prima.

Giré mi cabeza al tiempo que guardé mi celular sin enviar el mensaje.

—Hola ¡Llegaste!

—Se me hizo un poco tarde, pero ya estoy aquí, ¡vamos a saludar a María!

Pasé atrás de ella a la sala y cuando se percató de que el cajón estaba abierto, me hizo una mueca de sorpresa.

— ¿Ya lo viste? —cuestionó con morbo.

—Sí, pero no es algo que quisiera repetir. El cuerpo de Dany está en muy mal estado.

— ¿Entonces no me recomiendas que me acerque? Quisiera verlo, quiero despedirme de él.

—Recuérdalo como era la última vez que lo viste, el que está en ese ataúd no es él. Me lo vas a agradecer.

—Está bien —contestó perturbada.

— ¿Qué sabes de Alessandra, Atziry y Yareli? —Mi prima y ellas tres formaban parte de nuestro grupo cuando niños, con ellas crecimos y su presencia era importante, como mínimo para mí.

—No quisieron venir, tienen miedo. Alguien corrió el rumor en la colonia de que existía la posibilidad de que los que lo mataron asistieran al funeral a hacer destrozos.

Enseguida me indigné y empecé a maldecir al mundo.

—Qué estupidez tan grande. El que lo quería ver muerto ya lo consiguió. Ahí está, tirado en un cajón. Le dispararon en el ojo izquierdo, Pau, eso era algo personal. Qué se joda el que lo mató, que se jodan tus amigas también —dije molesto, seguro de que si hubiera existido la posibilidad de que vinieran a alterar la paz de esta reunión y mi vida estuviera en riesgo, eso no me hubiera apartado del lado del cuerpo de mi amigo.

Ella guardó silencio y caminó a saludar a la mamá de mi amigo.

Capítulo VIII

Cuando era niño y viajábamos en el bus, mamá solía decirme que me sentara en sus piernas, que no importaba mi edad, siempre iba a caber en sus brazos. Y estaba comprobado, no importaba cuánto tiempo había pasado y cuánto me alejaba de casa, siempre volvía con ella por un abrazó rejuvenecedor.

Cuando Pau se marchó y la expareja de Jesús se hizo presente, me encontraba solo. ¡Cuánta falta me hacía mi madre en ese momento! Se hicieron las cinco de la tarde y el cielo se nubló como en temporada de huracanes. Una vez leí una historia de un hombre que fue asesinado de forma cruel por el ejército romano. Cuentan que, tras su muerte, la Tierra respingó. El mundo se volvió tinieblas y el suelo se sacudió. Dicen también que las cortinas del templo se rasgaron. Dany, a diferencia de aquel hombre, fue de moral cuestionable, para muchos no fue más que un vago, pero a pesar de ello, ese día el cielo lloró. Lloró todo lo que nosotros, los seres humanos, no tenemos permitido. Nuestras glándulas lagrimales no forman ríos y ríos faltaban para sacar el dolor.

Y ahí estaba yo, con una taza de café en mi mano derecha mirando a través de la puerta de cristal que adornaba la casa funeraria fingiendo tranquilidad. De aquel lado el cielo se caía a pedazos. Por la calle que dividía el parque con la casa funeraria la gente corría buscando refugio del agua y después del granizo. La visión se redujo y trajo como resultado una carambola en la avenida. Gente gritando, claxon sonando, luces parpadeando, lluvia resonando, relámpagos impactando. Del choque surgió una riña, dos hombres comenzaron a golpearse mientras un oficial intentaba separarlos. Solo nueve milímetros de cristal me separaban del caos. El cielo me hizo el favor de escenificar mis sentimientos para mí. Era una gran puesta en escena y me daba paso a descansar un momento mientras los actores representaban mi sentir. De pronto, una silueta se aproximó al lugar y abrió la puerta.

— ¿Mamá? ¡Estás empapada!

—No, hijo, detenme aquí. —Y se quitó un saco que le cubría hasta las piernas.

— ¿Qué haces aquí, mamá?

— ¿Estás tomando café? —dijo al mirar mi taza.

—Siéntate, te traigo uno.

Me cuesta expresar la paz que me dio el mirar a mi madre acompañándome en esa sala. Cuando regresé, dejé su bebida en la mesa de centro y la abracé fuertemente y descubrí que, después de más de veinte años, aún cabía entre sus brazos. Ella lloró, pero yo no pude arrojar ni una lágrima, no podía hacerle eso a mamá. Durante años fui un hombre fuerte ante sus ojos, el que la acompañó en su dolor después de que papá se marchara. Mamá sabía que yo podía sentir mucho y no doblegarme. Por ello, el verme destrozado le dejaría una marca en el corazón, de esas que nunca se platican, que no se saben que se tienen, pero se lastiman. No lloré, pero sí me regocijé. Aún era ese niño que le daba un beso en su mejilla antes de dormir.

—Supe que no te quieres apartar de aquí —dijo mamá cuando acariciaba mi cabello.

— ¿Tú qué harías? —pregunté despacio, muy cerca de su oído.

Hizo un silencio amplio, quizá recordó el día en que murió su hermano mayor, pero sus palabras fueron las siguientes:

—Ven a casa, quítate esa camisa negra y date un baño —dijo casi rogando—. Después duermes un poco, te noto ojeroso.

—Lo siento, mamá —le contesté al mirarla—. ¿Ves al hombre que trapea el agua que entra por la ranura de la puerta? Hace un gran trabajo, ¿no es así? El niño a mi derecha es sobrino de Dany y como tal está desconcertado. Esa de allá es cuñada de Dany y mira que bien abraza a su hombre. Todas y cada una de las personas aquí presentes están jugando un papel importante. Tienen su función y la cumplen con seriedad. Yo soy el mejor amigo del recién fallecido y mirando alrededor no hay nadie que quiera discutirme ese puesto. Mi lugar, al menos por este día es aquí, haciéndole guardia al cuerpo de mi amigo. En unos años, tal vez cuando ya esté viejo recordaré este día y quiero mirar al cielo y decir que fui valiente. Mamá, tú también tienes un gran papel en este momento, eres la madre del amigo del que acaba de morir y quiero que sepas que lo haces muy bien, no podría pedir mejor compañía en este momento.

—Y, ¿qué harás? —Preguntó con voz arrugada.

—Quedarme a su lado hasta que lo entierren, por supuesto.

—No me refiero a ahora. Habló de mañana, cuando te despiertes sollozando a media noche, cuando camines frente a su casa esperando verlo, cuando acudas al panteón en busca de respuestas. Eres una persona muy sentimental, Eduardo, ¿qué harás cuando toquen canciones de despedida y tú no puedas ocultar el dolor?

Tragué un poco de saliva mientras imaginaba la escena.

—No lo sé mamá. Ahora mi mente no logra ver más allá de esta sala, la de al lado y unos cuantos recuerdos que llegan espontáneos.

—Vamos a casa, te sentirás mejor.

—Si voy, mi alma se quedará. Estaré sentado en el sofá mirando a la pared húmeda al lado derecho del estéreo por cuatro horas. Después me pararé, caminaré a lavarme los dientes y me recostaré en la cama con los ojos abiertos, mirando el clavo torcido que está junto al foco —dije angustiado—. Por favor, no insistas.

—Ya no lo haré, pero debes descansar. Recuerda que lo peor de todo esto, son los entierros.

Charlamos por otro rato, después fue a saludar a María. Mamá se veía triste al platicar, sentía empatía por aquella mujer y es que siempre dijo que, si un día le faltaba alguno de sus hijos, seguro moriría.

Mientras mamá charlaba, me senté cerca de Jesús para hacerle conversación y después Judith se sentó del otro lado, como a un metro de mí. La miré detenidamente, la manera en que armonizaba con el mundo era simplemente espectacular y yo lo notaba. Entonces tomé a Jesús y con ironía le dije:

—Creo que siempre viviré enamorado de tu hermana.
Yo no esperaba respuesta y menos después de que lejos de dar una, se inclinó para beber de su tasa. Terminó el líquido y sin voltearme a ver dijo:
—Yo te podría decir lo mismo de la tuya.

****

Cuando la lluvia cesó, mamá se acercó a mí para despedirse.
— ¿Quieres que te pida un taxi?
—Si me haces el favor
Le entregué su saco ya no tan mojado y caminamos a la salida. El taxi no tardó en llegar, me acerqué para abrir la puerta y mamá se acercó a besar mi frente, me abrazó de nuevo y con voz dulce me dijo algo que jamás olvidaré:
—Es cierto que hoy eres amigo y tu lugar es aquí. Más daño te haría al llevarte conmigo. Pero recuerda que también eres hijo y hermano. Te deseo que sanes pronto, Eduardo, que te necesitamos aquí.
Vi a ese taxi marcharse sin poder contestar nada. Mamá decía la verdad, yo tenía una vida que atender. Metí mi mano a mi bolsillo derecho y saqué mi teléfono para hacer una llamada a mi trabajo. Eran casi las siete y yo me tenía que presentar a las diez.
— ¡Bueno! ¿Mariana? Soy Eduardo.
—Hola, Eduardo. ¿Cómo estás? Supe lo de tu amigo.
—Estoy tranquilo, gracias. Justo estoy aquí, en el velorio y por eso te hablaba. Te quería decir que necesito un día más.
— ¿Un día más...? No puedo, Eduardo. Estamos en medio de la certificación y te necesito porque eres el único que entiende el procedimiento.
—Lo sé, Mariana, pero ponte en mi lugar. Mataron a mi mejor amigo.
—Ya te dije que no —contestó más firme—. Menos porque no es tu familiar directo. Se me han muerto familiares directos y aun así he tenido que venir a trabajar. No puedo ayudarte.
—Pues yo tampoco a usted, hoy no cuente conmigo.

Guardó un momento para reflexionar mis palabras y enseguida preguntó:
—Y, ¿mañana?
—No lo sé —dije ya molesto—. Depende de cómo me encuentre— Y colgué.
Había conseguido enfadarme, por muy tentado que estuviera en darle la razón, no la tenía. Justificar una falta solo en caso de ser un familiar directo era una medida tan absurda como el plazo de dos días que te daba la sociedad para volver a ser funcional. Y si ella no era capaz de entender que el trabajo era vano mientras que la amistad y la familia eran un tesoro, allá ella. Me esperaba una fuerte sanción cuando regresara a trabajar, pero poco me importo.

****

Cuando una persona cercana muere, el "hubiera" se convierte en uno de nuestros más grandes enemigos. Si le hubiera dicho... si la hubiera buscado... si lo hubiera acompañado... ¡Carajo! Nos convertimos en amos de las respuestas y soluciones. Pensamos que cualquier cosa hubiera resultado mejor que la que realmente hicimos. Entonces insultamos a nuestra inteligencia y a nuestras emociones del pasado, les damos una bofetada y en su cara les decimos "Idiota, era tan obvio". Pero en realidad no lo era. Es más sencillo memorizar los decimales de Pi, que atinar a un universo paralelo o, lo que es lo mismo, es imposible saber lo que hubiera ocurrido en caso de actuar diferente. Sin embargo, a pesar de estar consciente de lo anterior, el "hubiera" estudió en la facultad de letras y sabe persuadir para que el doliente caiga en sus redes, como me pasó a mí.
Pasé cuatro horas y media pensando en cómo pude ayudarle en el pasado para cambiar este destino. Lo sé, porque mamá se fue a las siete treinta y yo caí rendido a media noche, no sin antes concluir que pensar en lo que pudo ser nos ayuda a culparnos, a desvalorizarnos e insultarnos, pero nada de eso está encaminado a sanar, que es lo que se

busca cuando te hicieron una operación a corazón abierto para sacarte una parte de él.
La sala estaba vacía cuando me eché a dormir. Me senté muy cerca del ataúd y mientras María oraba, fui cerrando los ojos muy lentamente. A como pude, me fui recostando en el sillón hasta quedar completamente recostado.

Capítulo IX

— ¿Tienes miedo?
— ¿Qué?
— ¡Dime si tienes miedo! —repitió la voz sin que yo pudiese distinguir de dónde provenía.
—No, ¿por qué habría de tenerlo?
En ese momento se encendió una luz. Me encontraba sentado en una silla, atado de pies y manos, sin oportunidad de huir. A mi lado derecho, una figura humanoide sostenía un arma de fuego que recargaba en mi cabeza. Sentí un enorme deseo de girarme para ver la cara del malnacido que pretendía quitarme la vida, pero me era imposible.
— ¿Es el final? —pregunté sereno— ¿Tiene que ser así? —Insistí.
—No es tu decisión, es mía. Me la otorgaste al venir aquí desarmado.
— ¡Dispara, pues! —dije sin expresión alguna.
—No, no y no. Tampoco es cuando tú quieras. Es cuando yo diga y aún es pronto. Vamos, regálame tus plegarias, ruega por tu vida —dijo con voz burlona mientras caminaba entusiasta a mis espaldas, justo entre los límites de mi visión. El imbécil estaba disfrutando el momento. Mientras tanto, yo pensaba en la manera de jugar con su mente. Trataba de averiguar si era pertinente darle lo que buscaba o llevarle la contra.
—No lo haré ¡Dispara ya! — contesté nuevamente sin gesto.
— ¡Oh! Veo que no piensas ceder, lo vuelves más interesante para mí. Seguro no tomas en cuenta lo que provocará tu ausencia.
—Lo sé y no me asusta. Moriré y acá la vida seguirá.
—Por supuesto que seguirá. El sol volverá a salir por la mañana. El mundo no deja de rotar porque falta un alma en él, pero no será una buena vida. No para tus hermanos... ¿sabes lo que ocurrirá con ellos?
—Mis hermanos pueden vivir sin mí. Lety y Rosy lo superarán, Víctor lo resistirá y Bere escribirá mi historia.

— ¿Qué me dices de tu padre? No habrá hombre que haya llorado más fuerte en la tumba de su hijo. Su llanto será tan grande que lo escucharás hasta donde te encuentres —alardeó con sonrisa burlona.
Se me formó un nudo en la garganta y sentí líquido dentro de mis ojos, pero no cedí.
—Papá me llorará cien días y cien noches, después se olvidará de mí y continuará su vida.
—Ah, ¿sí? ¿Y tu mamá? —Me eché a llorar mientras él continuaba fingiendo preocupación por mi madre—. No lo soportará, se romperá en mil pedazos al reconocer a su hijo con una bala en la cabeza en la morgue. Sabes que el fin de su vida comienza con la muerte de cualquiera de sus hijos. ¿Y Lara? Sabes lo inestable que es su cordura. Seguro la perderá por completo, se saldrá de la realidad y pasará el resto de su vida en un psiquiátrico. Piensa en Alessandra, se morirá al enterarse de que falleciste. Apenas soporta la vida porque sabe que tú estás aquí. No pasarán más de dos meses sin que ella resuelva colgarse del ventilador de su habitación.
— ¡Basta... basta! — grité con todas mis fuerzas y las lágrimas escurriendo por mis mejillas—. No quiero morir, por favor, no quiero morir.
El hombre se soltó a carcajadas mientras yo imploraba por mi vida. Consiguió su cometido, logró desestabilizarme al grado de que no podía controlarme. De pronto, un estruendo me aturdió por completo y miré a mi cuerpo desvanecerse de golpe. Yo ya no estaba en él.
Sentí despertar de un sueño, como recién regresado de uno de esos huecos que solía tener. De pronto entraba a paso lento a una casa funeraria como esa mañana. Todas las miradas adentro del lugar iban para mí, pero no hubo palabras. Caminé a la habitación a la que todos se dirigían. Ese lugar estaba muy oscuro, unas lámparas a media luz en el techo intentaban alumbrar los rostros sin color de aquellas personas. Seguí caminando hasta llegar a la sala que se me indicaba y noté que tenía el mismo tono de iluminación. Al entrar, vi a una multitud

acomodada en filas y hasta el frente un cajón color plata con cuatro velas en sus esquinas. Me abrí paso entre sillas vacías y personas de pie. Esas personas ya no me miraban a mí, pues sus miradas se quedaron trabadas entre el ataúd y el suelo. Todos con sus manos abrazadas una a la otra, colocadas en su entrepierna. Las personas estaban en silencio, casi inmóviles y todos mirando lo mismo. No conocía a nadie en ese sitio y además no entendía lo que hacía en el funeral de un desconocido. Todo ahí parecía una puesta en escena bien montada, pero miré atrás y no vi nada de público.

Seguí caminando discretamente y a mi paso hacia el frente hasta que, debido a la casi nula visibilidad, tropecé con la pierna de un caballero. —¡Disculpé, usted! —dije al que ni me volteó a ver. Cuánto más me acercaba al frente, se escuchaba más y más el llanto de una mujer. Era el único sonido que lograba rescatar de aquél fúnebre escenario. Al llegar ahí, noté a una multitud rodeando a una extraña pareja que sollozaba desconsolada. Apenas los miré y seguí mi camino hacia el ataúd. Cuando me postré ante él, hice un esfuerzo por limpiar el vidrio empañado por el frio, pero sentí un golpe en el pecho y un escalofrío subió desde los pies hasta el corazón al notar que era mío el cuerpo que descansaba en ese cajón, iluminado por una tenue luz azul. Tenía mis ojos cerrados y un traje negro con corbata rayada. Clavé la mirada a la herida de bala sobre mi oreja izquierda, pero mi atención fue totalmente robada por la voz de mamá que gritaba desesperada: «Es que sigue aquí, puedo sentirlo». Giré y al encontrarla dije con átona:

—Sí mamá, aquí estoy, no me he ido. —Pero ella no conseguía escucharme, ni verme. Cómo todos los presentes.

Ya con las luces encendidas pude ver que todos estaban ahí: Papá haciendo muecas y mamá buscando no derrumbarse. A su lado derecho estaba Víctor que la sostenía para que no callera, y a su izquierda mis hermanas con mirada perdida y perdida el alma. Rosy, la segunda de mis hermanas se acercaba a mi ataúd sollozando, tocó el cristal con su mano derecha y pronunció unas palabras que no logré escuchar. Seguro

buscaba la muestra de cariño que jamás le di. Me acerqué para tomar su hombro y le dije al oído "Te quiero, hermana. Te quiero y te respeto. Perdóname por no saberlo expresar". Seguro estoy de que no me escuchó... porque enseguida se echó a llorar.
Giré desconcertado y vi a mis primas más cercanas y a la mayoría de mis tíos. Además, a pesar del frío, Alessandra estaba sentada con un abanico en la mano derecha y un pañuelo en la izquierda. Pobre, su piel blanca no sabía disimular el llanto.
También estaban amigas de la prepa y amigas del trabajo. Vecinos y uno que otro acarreado. Al fondo, muy cerca de la puerta, descubrí a Dany mirándome a los ojos. Al parecer, era el único que notaba mi presencia.
—¡Dany! —grité mientras me aproximaba a él, pero se alejó por la salida antes de que pudiera alcanzarle. Corrí por la habitación hecho polvo hasta llegar a la puerta. Al cruzarla, me percaté de un nuevo cambio de escena: me encontraba en un prado como a medio día, eran kilómetros y kilómetros de fresco pasto solo interrumpido por un imponente árbol al poniente sobre una loma. Ahí, debajo de aquella colosal estructura natural, se estaba llevando a cabo un entierro... mi entierro. Contrario a mis deseos, mamá optó por meter mi cuerpo en un agujero.
Diecinueve mujeres que vestían color oscuro rodeaban mi cajón mientras que el párroco, que seguramente dejó en espera a sus feligreses en la parroquia, me dedicaba unas palabras. Mamá, mis tres hermanas y cuatro tías; cuatro primas y tres grandes amigas; Jazmín, más que una amiga a quien le debía gran parte de mi estabilidad emocional, Marifer, Alessandra y la abuela.
Es difícil describir un escenario de tal magnitud pues, a todos y cada uno de los presentes les causó un impacto distinto mi muerte, todos tenían un semblante distinto y había quien carecía de él. Yo me acerqué al sitio para ver lo que ocurría.
Como me advirtió mi asesino en dos escenas atrás, el llanto de papá resaltaba, por mucho, de cualquier sonido que había en el lugar. Era abrumador, siendo que lloraba apartado de la muchedumbre, ingenuo

de no ser escuchado. Nadie ahí creía de corazón que yo me había marchado a un lugar mejor. Nadie, a excepción de mamá, que se preocupaba en verdad por el futuro de mi alma. Todos me traían sus asuntos inconclusos; pláticas pendientes, rencores pendientes, amores pendientes... nada que me ayudara acá, donde yo estaba. En ese momento comprendí que los funerales es un evento de vivos y no para los muertos, como se sobrentendía. Estaba hecho para que los dolientes buscarán resignación.

Cuando el ritual acabó y todos se marcharon, caminé ciento veinte pasos hasta el sitio. Yo no quería eso, ni flores ni llanto. Le pedí a mamá claramente que se olvidara de mí y no pudo, pero ¿quién era yo para negárselo? Solamente el que un día fuera portador del cuerpo que estaban enterrando. No tenía ningún derecho de impedirle que arrojara el dolor a su manera. Entonces pensé "que hagan con mis restos lo que quieran, pero siempre buscando sanar su dolor".

****

«Santa María, madre de Dios y madre nuestra, ruega por él y por nosotros los pecadores ahora y en la hora de nuestra muerte. Amén

Dios te salve, María, llena eres de gracia, el señor es contigo y bendita eres entre las mujeres y...»

Desperté a las 6:00 AM en aquel, que había olvidado, era un evento religioso. Cuando abrí los ojos, lo primero que noté fue oscuridad. Solo las cuatro velas en las esquinas del cajón se encontraban encendidas y todos habíamos sido vencidos por el sueño a excepción de Judith y otra mujer que no lograba distinguir. Ambas se encontraban en unas sillas a un par de metros de la luz y repetían una y otra vez: «Santa María, madre de Dios y madre nuestra...». Notaron que me senté. Puse las piernas una tras la otra, mis manos a mis costados aferrándose a mi asiento y mi cabeza estaba agachada. Había dormido unas cuantas horas, pero no había descansado. Mi cabeza estaba agotada, secundada por el corazón.

—Voy a casa a bañarme —dije a la única despierta en la habitación—. Nos vemos más tarde en misa.

Capítulo X

Años tuvieron que pasar para que yo volviera a pisar una iglesia. Incluso, el gesto más elemental de la religión católica lo había olvidado. Al llegar a la explanada, miré una vez más al cuerpo de mi amigo.

Mientras uno tiene vida, el cuerpo tarda años para degradarse, sin embargo, cuando el alma ya no habita en él, cada hora va dejando marcas a su paso. Juraría que escuché a María decir que se veía guapísimo con su traje gris hecho a la medida, pero no era cierto, el tiempo ya había hecho lo suyo y el cuerpo de Dany era difícil de ver. Todos los presentes lo sabíamos, pero guardamos bien el secreto. Una vez cerrado el cajón, lo llevaron a presentar ante el altar.

Nuevamente siento necesidad de aclarar mi inclinación por el agnosticismo, pero, ¿qué tal si dejábamos de mirar a La Biblia como una fábula y comenzamos a sentir esa fe que tanto se presume, pero poco se siente? El sentido que tomaría este ritual sería totalmente distinto:

Un día El Creador mandó a un bebé a los brazos de una mujer con cinco hijos ya, le dio una misión y un camino a seguir. Acá en la Tierra, contenta por su llegada y junto a todos los que se alegraron por verle, esa mujer lo llevo ante un altar para presentárselo al Todopoderoso, para decirle que había llegado con bien y que aceptaba la responsabilidad de encaminarlo hacia su destino. Tiempo después, ese pequeño creció y eligió seguir o no las creencias de su familia; eligió seguir o no el camino que Dios le había dado, porque de eso trata el libre albedrío. Conoció lugares, conoció gente. Aprendió a amar, aprendió a perdonar. Fue tan feliz como se lo permitió. En fin, vivió al nivel de sus expectativas. Veinte años después de su llegada y tras muchas vivencias, todos los que lo consideramos importante en nuestras vidas lo acompañamos nuevamente al altar, esta vez no con el pecho inflado ni vestidos de alegría, sino, con un nudo en la garganta y la voz recortada. Venimos a decirle al Padre que ahí tiene a su hijo... a nuestro hermano, que aquí ya terminó su misión. "Se fue al cielo" ese es su premio y nuestro consuelo.

"Está en un lugar mejor" y es que casi cualquier cosa mejora a este circo que llamamos vida.
Escuché la homilía del sacerdote y hablaba de cosas mágicas que bien podían encajar con la misa fúnebre de cualquiera. Él no sabía nada de Dany, pero yo sí y mientras el hombre con túnica invocaba al reino de los cielos, en mi mente recitaba las palabras perfectas para despedir a aquél ser humano:
—Nacemos para siempre, —diría ya con el micrófono en la mano—. Una vez dada la noticia de nuestra llegada, incluso desde que el médico confirma la presencia de la hormona GCH, el mundo ya no vuelve a ser el mismo. De esa manera, conforme vamos creciendo, vamos dejando huella en los corazones que tocamos a nuestro paso. A mayor tiempo de estadía en este mundo, más palpable es el impacto que dejamos en él, casi como regla matemática. Lo que trato de decir es que, aunque irremediablemente un día moriremos, una pequeña o gran parte de nosotros se quedará acá. En realidad, y muy probablemente, lo único que quede entonces de nosotros, será acá, entre las personas que nos conocieron— Entonces continuaría ya más serio y con labios temblorosos y ojos húmedos—. Seguramente Dany nunca pensó en esto, no imaginó el cajón gris, a Salvador que se acaba de retirar a la puerta a fumarse su cuarta cajetilla. No pensó en el duelo interno de su madre ni en el cansancio de su padre. Todos vivimos así, como si fuéramos eternos y sabiéndonos simples mortales. Entonces, ¿por qué él sí habría de adelantar lo que ocurriría en un futuro inmediato a su muerte? ¿Y lo que venga después? ¿A quién se lo atribuimos? ¿A un castigo divino? ¿Al fruto de las buenas o malas decisiones de Daniel? ¿Decimos que Dios ya lo quería con él? Yo creo que no, compañeros, Dany ya vivió y fue un gran ser humano para muchos, mientras que para otros no tanto. Si bien es cierto que permanece con todos nosotros, como lo dije al inicio de este discurso, también lo es que tristemente ya no interactúa con nosotros. En otras palabras, Dany ya tomó sus decisiones y estoy seguro de que no es dueño de ese dolor que hoy

cargamos a este altar, él no es el culpable. Tampoco lo somos nosotros, pues no había manera de adelantar que en este día estaríamos reunidos en su honor, despidiéndonos del que fuera nuestro compañero de vida. Así que desprendámonos del "hubiera", simplemente porque no fue. Y nuevamente, ¿a quién culpo de este dolor en el pecho? ¿Con quién desquito esta rabia que me da el haber perdido? ¿Quién se encargó de disminuirme de tal manera? Si no soy yo, si no fueron sus actos y si no fue Dios, ¿entonces quién? Y la respuesta suele ser más simple de lo que pensamos: completamente nadie. No existe un ser humano o divino autor de esta desventura, se trata de la vida siendo ella misma. Así que deja de culparte, deja de culparlo y deja de culpar a cualquiera que pudo haber hecho algo y no fue así. Y en los próximos días, si lo buscas y no lo encuentras, recuerda que Dany permanece en ti, y permanece en mí y en sus padres y hermanos. Dany permanece y de hoy en adelante será quien recordemos y como lo recordemos el resto de nuestras vidas. Gracias.

La misa concluyó sin que nadie pudiera escuchar mi discurso, lo guardé para mí.

****

Dijeron que no podían incinerarlo, fue un homicidio y para que las evidencias no desaparezcan, el cuerpo debería de conservarse durante una década al menos. Enterrarlo fue la única opción.

Mi deber con ustedes es nárrales una historia lo más fiel posible a la real, pero en esta escena puedo fallar, no por mi cobardía sino por mi falta de memoria.

Sé que partimos al panteón en la camioneta de Jesús. En ella iba él, los padres de Dany, mi prima Pau y yo. Se hizo una caravana de no más de seis autos y una motocicleta tras la carroza. A María aún le quedaban fuerzas para seguir rezando y todos tratamos de seguirla.

Durante todo el fúnebre evento escuché a Jesús decir que el entierro sería en las afueras de la ciudad, en un jardín estilo americano donde no había tumbas, solo pasto. Lo describía tan bello, pero daba igual, un panteón es un panteón y en lo que a mí concierne, es uno de los lugares más tristes que existen en este planeta siempre detrás de los hospitales. Seguramente usted se preguntará por qué y es que los panteones son símbolo del fin de un ciclo, cuando alguien muere se inicia una cuenta regresiva y es cuestión de tiempo para que el doliente sane. En cambio, los hospitales son signo de esperanza y si bien es cierto que existen recuperaciones milagrosas, también lo es que hay muertes repentinas y estas últimas siempre terminan impactando más que las primeras. Por eso siempre los evité a medida de lo posible.

Cuando llegamos al sitio, inmediatamente noté que Jesús no mentía, ese lugar era bastante agradable para pasar la eternidad. En cuánto hubo oportunidad me acerqué al cajón, para mi suerte, ya cerrado. Esa última impresión afuera del templo no había sido muy grata. Lo acaricié a manera de despedida y mi mente no decía nada. Ese bulto de madera recubierta con aluminio era tan frío, pero para mí fue como tocar un trozo de ceda suave y cálido, quizá ya estaba perdiendo la cabeza. Eran tantos y tantos sentimientos; la ausencia de Lara, la molestia de Bere, la indiferencia de Alessandra, el silencio de Víctor, la ansiedad de Salvador, la aparente tranquilidad de María, la soledad de Jesús, las suplicas de mamá... todo eso causaba un efecto en mí y no menor. Por otra parte, yo lograba detectar algo que los demás parecían ignorar o desconocer, pero para mí era evidente. Nadie ahí miraba a su derecha, parecía no importarles el dolor del otro, a decir verdad, ni siquiera parecían considerar que el otro podía sentir, sin embargo, yo miraba para todos lados y lo que veía me causaba gran angustia. Aun así, a pesar de la batalla que se libraba dentro de mí, mi expresión seguía siendo nula o muy tenue. Estaba seguro de que no había llorado lo suficiente y no lograba entender en qué momento aprendí a controlar de esa manera mis sentimientos, en realidad, no sabía sí mi paz era verdadera o estaba por colapsar en cualquier momento.

Unos minutos después llegó el autobús que transportaba a un conjunto de personas que venían desde la iglesia, entre ellas, mamá. Con la mano de mamá en mi hombro, caminé en procesión tras el cajón cargado por un grupo de empleados del recinto. Hasta entonces fue que noté la presencia de primos y familiares de mi amigo, gente que recordaba de mi infancia. Por alguna razón no habían podido asistir al velorio, o quizá lo hicieron y no lo noté. Probablemente eran parte de los montones de familias que vi circular frente a mí.

Y continuando con el relato a memoria borrosa, recuerdo el momento en que comenzaron a bajar el cajón. Mi cabeza, mi mirada, mis oídos y cada parte de mí se enfocaron en ese ataúd que se estaba depositando bajo tierra. En segundo plano había grupos de personas llorando, eran decenas quizá. Cada vez que el sepulturero soltaba la soga un tramo, el corazón me hacía cuenta regresiva. Diez... nueve... ocho... no entendía por qué, cinco... cuatro... esto había terminado en el instante en que le cruzaron el cráneo con una bala, no ahora... no ahora, tres... dos... uno... de pronto se escuchó el cajón tocando el fondo, nada pasó. El corazón se aceleró, pero nada más.

La siguiente imagen que recuerdo después de un pestañeo es el fondo de la fosa. Mi pierna izquierda estaba de rodillas y mis manos se abrazaban una a la otra como diciéndose "no estás sola". Un sepulturero lanzó un palazo de tierra y a la par una lágrima rodó por mi cara. Un segundo sepulturero arrojó la tierra y otra lágrima cayó. Para cuando el tercero dejó caer una carretilla completa, perdí el control y todo lo que había acumulado días atrás se vino en contra de mí. Esa tarde, inclinado hacia la tumba de mi mejor amigo, con mi puño derecho en el suelo y mi cabeza agachada me di cuenta de que el llanto no me era suficiente para liberar tanta tención. Mi cara escurría tal como una llave mal cerrada en una habitación de un hotel de paso, pero mis ojos... mis pobrecitos ojos no eran capaces de liberar a mi alma de tanto dolor, pero seguían intentándolo y su lucha más me entristecía. Entonces sentí a mamá tomando mi hombro mientras repetía que ya no llorara más, que guardara el llanto para cuando ella muriera, sino, ¿qué iba a llorar cuando ella ya no estuviera? No tenía fuerzas para contestar, pero la respuesta se podía obviar: "mamá, tú nunca me faltes, porque el día en que eso suceda, seguro me muero de tristeza".

Cuando cayó el último puño de tierra, mis ojos se encontraban a su máxima capacidad. Habían sido tan fuertes al contener el llanto por tanto tiempo que en ese momento mi cuerpo se sintió abusar de ellos. Pobres de mis ojos que lloraron a cantaros. Y no, no lloraban la pérdida de mi compañero de vida, lloraban lágrimas atrasadas. Lloraban media vida con papá ausente, lloraban la pena de ver, durante años, a mi madre desconsolada y a mi familia marcada como BCG en el corazón por esta situación. Lloraba por tanto tiempo de soledad, buscando amor donde no lo había, mendigando las migajas que caían de la mesa. Lloraba por Alessandra, mi gran amor que había sido engañada por las trampas del destino. Lloraba por María, porque ella no podía hacerlo... porque vi dolor atrapado en su mirada y ella no lo iba a dejar salir. Lloraba por Jesús, porque no lograba comprender lo que sucedía, lloraba por Judith, por Salvador y Moisés. Lloraba por mamá que se moría de pena al imaginar el perder a un hijo. Todo su sufrimiento era mío. Pero, sobre todo, lloraba por mí, sentí lástima por mí y por todo lo que me esperaba, porque sabía que esta era una pena muy difícil de cargar. Lloraba porque la vida no era rosa y las nubes no eran de algodón, porque Disney nos había envenenado prometiendo finales felices que no llegarían jamás, porque no importaba cuan buena persona fueses ni cuantas sonrisas hayas pintado en días nublados, la vida era la vida y no te condonaba por ser noble de corazón y de buenos sentimientos.

Lloraba porque no sabía hacerlo, porque no sabía perder y aceptar una sólida decisión de la vida me pegaba en mi orgullo, en el que imaginaba invicto. Lloraba porque de niño me dijeron que así se sana el dolor, derramando líquido por los ojos, gimiendo de tristeza y maldiciendo a la suerte con una mueca amarga. Golpeando a puños a la invencible Madre Tierra y gritando de desesperación. Lloraba porque confiaba en que el precursor del llanto después descubrió la paz.

En fin, lloraba porque el llanto se seca, la gente se consuela y la vida continua… ya sanado… o no.

Capítulo XI

Una de las cosas más difíciles después de un evento fúnebre es volver a casa; — ¿Qué sigue?, ¿Continúo llorando?, ¿Cuánto tiempo más puedo permanecer sentado en el sofá mirando a la mancha de aceite bajo el refrigerador sin que parezca que estoy perdiendo la razón? — siempre que alguien cercano muere, la vida nos gusta menos y es que nada vuelve a ser igual. El mundo se vacía poco a poco de las cosas que nos importan, de las cosas que amamos. Cada vez que alguien muere, el corazón decrece, el alma le sale una llaga que no sanará. El mundo queda modificado para siempre. La casa se vuelve más oscura y los veintiún canales del televisor son iguales. Descubres que el café es amargo, aunque lo endulces con miel. Y aunque la casa se convierte en un museo de recuerdos, es también el único refugio que nos queda, porque afuera suceden cosas malas, porque afuera hay violadores, secuestradores y asaltantes; asesinos a sangre fría. Porque afuera se corren riesgos; se ama, se extraña, se llora, se pierde, se gana, se lucha y se crece. Afuera sucede la vida... la vida misma. Vida que tenemos que seguir, aunque en ratos no queramos... aunque imploremos tiempo fuera. Vida que no nos esperara, aunque estemos rotos, heridos o destrozados. Por ahí dicen que el que no arriesga no gana, pero hay momentos que nada tenemos por arriesgar, que nos sentimos tan vacíos que lo mejor que podemos hacer es sentarnos en un sofá mirando la macha debajo del refrigerador. ¿Cuántas tardes pasé en mi sofá? No lo sé, perdí la cuenta. La muerte de mi amigo me trajo muchos cambios. Dejé mi trabajo, mi jefa se empeñó en darme motivos para renunciar. Claro que esta decisión implicaba aceptar alejarme por completo de Lara.

— ¿Y qué más da? — pensé. Todos en el trabajo se enteraron de mi tristeza, seguro ella también y ni se interesó por preguntar. Un pequeño mensaje hubiera bastado para mostrar que le importaba y aunque mucho lo esperé, jamás llegó.

Después de renunciar al supermercado y simultáneamente a la mujer que creía amar, busqué trabajo por toda la ciudad, pero eran tiempos difíciles y fue hasta un mes después cuándo un tío me consiguió algo como velador en una bodega. Por las noches escribía y por las tardes reflexionaba. Una de esas tardes de reflexión, alguien tocó a mí puerta.

—Hola, ¿César, verdad?

Era la chica del velorio. La madre del hijo de Dany. Llevaba a su lado al morenito de cabello alborotado.

—Así es, soy yo. Hola— contesté sorprendido por tan inesperada visita.

— ¿Qué te trae por acá? — pregunté con una sonrisa hacia el pequeño.

—Supe que estás escribiendo un libro sobre Dany. Tengo una historia que contarte— dijo para aumentar mi sorpresa.

—Dame un momento, iremos a un lugar más adecuado— Fui hasta mi habitación y tomé lo primero que encontré para abrigarme. Eran finales de noviembre, principios de diciembre y comenzaba a estar fresco. —Vamos. Conozco un lugar aquí cerca.

Me intrigó la repentina aparición de la extraña en la puerta de mi casa, sin embargo, más me intrigaba lo que tenía por decir. Llegamos al conocido café y aunque la chica no comenzaba a contar, su mirada me daba indicio de su historia.

—Conocí a Dany cuando aún era una niña.

—Aún eres una niña, ¿no es así? — Interrumpí con una leve sonrisa— ¿Qué edad tienes?

—Diecisiete, pero entonces tenía solo diez— contestó y continúo con su historia ya sin interrupciones —lo conocí gracias a mi hermana, ella y la hermana de Dany eran amigas y en ocasiones iban a casa a jugar. Dany me gustó desde que lo vi. Él era ese amor de niña que deseas para toda la vida. Con el paso del tiempo nuestras hermanas se distanciaron, pero yo agregué a Dany en redes sociales. Platicábamos mucho, un poco de todo y un día que yo estaba sola en casa, lo invité a venir.

Hablemos un rato en la puerta, pero la casa estaba sola y lo invité a la sala y después a la habitación. Fue mi primera vez y yo solo tenía catorce

años. Tenía que pasar, ambos lo estuvimos buscando y aunque él era un poco mayor, yo sabía lo que hacía.
Cuando terminamos, dijo tener hambre así que con su camisa puesta bajé hasta la cocina a preparar algo, enseguida él bajó y se sentó frente a mí. Me miraba y sonreía. Quizás también fui su primera vez. De pronto, de su boca salieron unas palabras que jamás olvidaré:
— ¿Te imaginas a nosotros dos casados? — No le tomé importancia y solo le sonreí, pero él insistió —Yo sí. —afirmó con una sonrisa y mirada hacia la nada como pensativo y así continúo unos momentos más.
—Sé que éramos unos niños aún, sé que había tanto por vivir, —me comentó la chica conmovida— pero quiero que se sepa que, por un instante, por ese pequeño instante Dany pensó en una vida conmigo— y secó una lágrima que se le escapó.
— ¿Qué pasó después? —pregunté interesado en Emmanuel, el pequeño que decía era de Dany y que ese momento se encontraba sentado frente a mí, sonriéndome mientras tomaba con sus dos manitas una dona que manchaba su cara.
—Nada— contestó con la garganta seca. —No lo volví a ver si no en un ataúd— complemento al momento que tomó un pañuelo y lo apretujó con ansiedad. Sin embargo, no era todo, había aún más en su historia.
—Un par de meses después de esa tarde me enteré que estaba embarazada, yo tenía catorce años y nada de conocimientos sobre criar a un niño, era de esperarse que perdiera la razón, sin embargo, no lo hice y esa misma noche se lo confesé a mis padres. No recuerdo el sermón que recibí, mientras hablaban solo podía pensar en Dany y en cómo le haría saber a mi familia que él era el padre. Mientras mamá hablaba, yo solo recordaba la mala imagen que se había creado el padre de mi pequeño. "Era un vago y si no lo era, aparentaba muy bien", eso decía mi familia de él. De pronto, mamá hizo la pregunta que tanto temía:

— ¿Y quién es el padre? —cuestionó con mirada recia. Yo no sabía qué hacer y solo la miré a los ojos esperando a que me condonara la pregunta.
— ¡Dime quién es el padre! —dijo papá más determinante.
—No tuve otra opción y les di su nombre, — dijo la que narraba la historia— pero lejos de obligarlo a que se hiciera responsable, me orillaron a que le ocultara que estaba embarazada. Lo hice por un tiempo, pero pasaron los meses y había un bebé creciendo dentro de mí y su padre merecía saberlo, yo merecía tener quien tomara mi mano cuando diera a luz y mi bebé, mi pequeño bebé merecía conocer a quien le diera la vida. Un par de semanas antes de dar a luz ya no puede más, le mandé un mensaje a Dany diciéndole que estaba embarazada, pero fui cobarde y le mentí diciéndole que no estaba segura si él era el padre. Ese es un error que no sabes cuánto me ha costado. Como era de esperarse, Dany no quiso saber nada del niño, dijo que si estaba segura de que él era el padre, que hablara y yo no supe qué decir. Emmanuel nació el 12 de junio de ese año sin un padre. Pasó el tiempo y yo poco sabía de Dany, a veces escuchaba rumores de él, de la gente con quién andaba y los sitios que frecuentaba, pero no lo volví a ver.
—Pareciera que no puedo hacer esta historia más amarga, ¿no es así? — dijo con una mueca de ironía al mirar su pañuelo lleno de lágrimas.
—Creo que puedes— contesté conmovido.
—En el tiempo no lo olvidé y creo que él tampoco. Ni a mí ni a Emmanuel— continúo— pues un día recibí un mensaje de él pidiéndome ver al niño, quería hacerse una prueba, saber si era suyo y formar parte de su vida. Dany se arrepentía por el tiempo perdido, por no haber estado en sus primeros pasos, por no haberle escuchado sus primeras palabras. Dany quería ser un padre y yo accedí. Acordamos una fecha para vernos, pues no vivíamos lejos, como yo seguía estudiando y él trabajando, nuestros tiempos no coincidían. Pasaron dos semanas de aquel mensaje y no logramos encontrar el tiempo adecuado. Un sábado pidió permiso para salir temprano, pero no se lo dieron hasta el

siguiente. Agendamos para el sábado 29 de septiembre— dijo cuando sus ojos se humedecieron.
Mi amigo fue herido de muerte el día 25 de ese mes, la cita jamás llegó y, lo que es más, la joven tuvo la oportunidad de verlo unos días antes, lástima que fuera de esa manera.
Yo no conocía la veracidad de sus palabras, ella era una completa desconocida para mí, sin embargo, de igual manera yo lo era para ella y aun así vino hasta mí para contarme su historia. Es un misterio, y quizá siempre lo sea, si Emmanuel era hijo de Dany, lo cierto es que guardaba un parecido impresionante, su imagen me recordaba a mi amigo cuando lo conocí. Pero, de ser así, si ese pequeño era su hijo, tengo que decirlo: ¡Qué perra jugada de la vida!
Yo conozco a un padre que no pudo ser padre y a un hijo que se quedó a días de conocer a su padre.
Tomé el hombro de la muchachita mientras ella se desahogaba discretamente para no perturbar al pequeño que la veía asombrado, todavía era muy chico para entender lo que ocurría.
Después de unos minutos la chica se tranquilizó, pagamos la cuenta y caminamos de regreso a nuestras casas.

****

La vida es breve y casi siempre nos distraemos en cosas sin sentido, pero para las cosas realmente valiosas nunca tenemos tiempo. Cayendo en esta afirmación y recordando la desventura del pequeño Emmanuel con su padre, comencé a sentir temor de la muerte, de sufrir una pérdida más y quedarme con palabras en la boca y sentimientos en el corazón. Había vivido lo duro que era perder a un ser querido, de implorar al cielo cinco minutos... solo cinco minutos más para estrechar su mano, darle un fuerte abrazo y unas palmadas en la espalda, pero no ser escuchado. No soportaría vivirlo una vez más. Entonces pensé en papá... en mi viejo de quien tanto hablaba, pero con quien ya no interactuaba. Ya era mayor, fuerte, pero con muchos años y penas encima. Papá se marchó de casa cuando yo era un niño. Se separó de mamá diciendo que ya no se entendían. Se separó de mamá, pero a nosotros jamás nos quiso dejar. Recuerdo que cada fin de semana nos buscaba, estacionaba su Nissan 93 frente a la casa y tocaba a la puerta esperando vernos un rato. Recuerdo también como ansiaba que llegara ese viernes en que papá iba por mí a la escuela y me llevaba por un helado. Papá se había alejado de nuestras vidas recientemente. De un año para acá, no sabía mucho de mi viejo y nadie tenía idea de cuánto lo extrañaba.

Cuando uno sufre penas tan grandes, ya no quiere... de verdad ya no quiere perder tiempo con sus seres queridos, ya no quiere desperdiciar su vida en banalidades, ni rencores, ni chismes de barrio. Es por eso que, a penas me despedí de joven, y con determinación me puse a escribirle a papá.

Guadalajara, Jalisco a 29 de noviembre del 2018

Papá;
Tengo mucho que decir... siempre tengo mucho que decir, pero a veces no puedo. No se encuentra el momento, no se encuentran las palabras, o no se encuentran las fuerzas.
Quiero que sepas, papá, que admiro tu determinación, que me gusta tu valentía y respeto tu historia. Hay muchas cosas que no se dicen, pero se necesitan decir o se necesitan escuchar... o leer. No te sorprenda que esta carta esté llena de ellas.
Tengo que decir, papá, que no te culpo. No te culpo por irte de la casa, por dejar a mamá, por racionar el tiempo que nos dedicaste. No te culpo por mi infancia distinta, por mi adolescencia en descontrol ni por mi juventud desubicada. Es cierto, papá, que tú decisión de vivir lejos trajo consecuencias inmedibles para todos los involucrados, es cierto que yo jamás sabré qué hubiera sido de mi vida si hubiera tenido un papá de tiempo completo, pero eso ya no importa. Te tuve a ti, con tus altibajos, con tus defectos y virtudes, con tu peculiar forma de ser un papá. No sabes cuánto me costó entenderlo y de igual manera no sabes cuánto lo

agradezco pues eso me valió para ser quien soy en estos momentos. Hoy me siento un gran ser humano, papá, y eso en gran media es por ti.

Hoy llevo una vida muy distinta, tanto como no lo imaginas. Ni peor ni mejor que la del resto, solo distinta. Una vida a mi manera y eso no lo puede haber aprendido de alguien más que de ti. Esa es la más grande y mejor enseñanza que, tal vez sin saberlo, me has dado; no seguir a nadie, no ser como nadie, no estar donde no se quiere estar por compromiso, buscar primero la paz con uno mismo antes que otra cosa. Esa enseñanza, papá, me ha corregido la existencia. Me ha liberado de una vida que no quería vivir.

Con estas palabras me deshago de una carga, la carga de nunca antes haberte dicho que te admiro, que te aprecio, que no te culpo y te agradezco. Esas palabras no me sirven si no te las digo, esas palabras necesitaba hacerlas saber.

Como puedes ver, tengo facilidad para escribir, esta es mi manera de expresarme. No espero una carta de regreso ni cualquier tipo de respuesta, no te sientas comprometido.

Te aprecia y te estima, Eduardo

En esa ocasión no fui un cobarde y se la hice llegar en un mensaje de texto.

Capítulo XII

La llamada... la bendita llamada que esperé por meses, la llamada de Lara sí llegó y no tuve que esperar treinta años más. Ella me marcó preguntando mi estado de ánimo, eran finales de año y yo me encontraba muy sentimental. Hablar con Lara siempre significaba retorno a mí mismo, era sinónimo de paz y comprensión. Cuando Lara llamaba me sentía como en casa tomando un café frente a la chimenea leyendo un libro de Borges en un día lluvioso. Desde luego que le escuché todo lo que tenía por decir, entre tanto, se disculpó por haber sido una inmadura en la última vez y dijo también que no sabía de mi desventura. Fue cálida y comprensible, pude sentir como me abrazaba desde el otro lado de la línea. Se disculpó por no haber estado para mí en días tan difíciles y prometió compensarlo. Todo fue bien y hasta prometimos intentarlo de nuevo. Salimos tres o cuatro veces más; nos besamos, nos reímos, abrazados nos burlamos del frio invierno y después... se fue. Por última vez fue arrebatada de mis brazos por su pasado, por aquel cariño que jamás dejó ir, no pude detenerla pues apenas tenía fuerzas para ello, después de ese día no volví a verla en persona. Con el tiempo aprendí a ver a Lara como un cariño pasajero, como alguien que llegó para enseñarle una importante lección y después salirse para siempre de mi vida.

Ese año, cuando llegó la temporada navideña tuve la idea de visitar a los Ochoa en noche buena, fui a cenar con ellos como cuando niño. María preparó pozole y todos los hermanos de Dany estuvieron presentes. Teníamos un pacto no escrito... ni hablado que decida más o menos siguiente:

- Todos los presentes deben de permanecer callados el mayor tiempo posible.
- Si se incumple lo anterior, deben de hablar de Dany o cualquier tema alusivo a él lo menos posible.

- Si se incumple lo anterior, la plática debe incomodar lo menos posible.

Esos tres principios lograban que esa convivencia, aún que un tanto incómoda, lograra funcionar. Reímos un poco y a veces platicábamos cosas interesantes. Nadie de los presentes estábamos listos para hablar de Dany o algo relacionado con él. Todo fue bien hasta que se llegó la hora de despedirme.

—Muy rico el pozole— dije con educación.

—Gracias por venir— contestó unos de los hermanos.

Pero alguien no había entendido nuestro pacto y violó los tres principios en una sola frase.

— ¡Quédate! —Rogó—. Así ya vamos a estar completos otra vez.

Todos nos miramos unos a otros, hubo mucho silencio. Al parecer solo esa persona no lograba entender la gravedad de sus palabras o las consecuencias de ellas, pues les aseguro, fueron con la mejor de las intenciones. Yo estuve a cargo de romper la tensión, solo me despedí con calma diciendo que no me podía quedar, que era tarde y en casa me esperaban.

No les dejé notar lo aturdido que me dejó lo último que escuché, pero esas palabras, esas aparentemente inofensivas palabras, lograron darme una de las navidades más triste que he tenido y me hicieron entender que no era ahí donde tenía que vivir mi duelo. Al despedirme pude ver que Salvador seguía fumando en el pórtico, que Jesús seguía sin compañía y María continuaba resanado "Santa María ruégale a Jesús...". Desde ese día me mantuve alejado de la familia por un buen tiempo, mi lugar no era ahí, mi duelo no lo debía vivir ahí. Ellos eran muy unidos, siempre recuerdo del abrazo que se dieron todos frente a la tumba de Dany, sabía que eso les daba fuerzas para salir adelante. Seguro, con el paso de los años, podrían recordar a su hermano y no sentir un nudo en la garganta. "Estarán bien" pensé.

No tardé en velar a otro ser querido. Para febrero del año siguiente recibimos la noticia de la muerte de uno de los hermanos de mamá. Cuando la persona que te hacía fuerte se quiebra, porque también es ser humano y por increíble que parezca pasa, es tu turno de ser fuerte. Ojalá todos estuviéramos listos para ese momento, de otra forma es muy doloroso ver a tu brazo derecho derrumbarse a tu lado sin que puedas hacer nada para impedirlo. Me siento tranquilo de saber que estuve para mamá, esa noche saldé mi deuda con ella.

Pero no terminó ahí, la muerte se acercó aún más hasta tocar la puerta de mi familia, entró a la casa donde vivía mi hermana Rosy y nos arrebató a uno de mis sobrinos un año después. Mateo murió a solo cuatro años de su nacimiento, el pequeño estaba limpio. Su muerte fue un sismo que derribó a mi familia, a mis hermanos, a mis padres y a mí por completo. A poco más de un año de su partida aún se sienten las réplicas, aún nos encontramos aturdidos, es un secreto que no sabemos guardar. Pero de eso no quiero hablar... no estoy preparado, solo sé decir que si es verdad que hay un cielo... que si los ángeles existen... seguramente ahí está él jugando entre ellos.

No es fácil ver a tus padres y hermanos consumidos por la tristeza, pero tienen el derecho a llorar, a sacar tanto dolor que tienen acumulado en sus pechos. Siempre elegiré secar el llanto de mis padres antes que desahogarme yo mismo; siempre que puede contener el llanto, preferí ceder mi hombro a mis viejos.

El final feliz pudo haberse escrito en navidad con los Ochoa o al lado de Lara o cualquier otro momento, pero no hubo final feliz, solo una secuencia de momentos amargos.

Alessandra dejó a su marido y regresó a casa de sus papás. Ya no era la misma niña que se había marchado, ahora llevaba en sus brazos a un pequeño que sé bien, adoraba. Había conocido otros lugares, otras personas, otros amores. Regresó con la boca sabor a fracaso y con una herida en el pecho. Cuando eso ocurrió, nació en nosotros una atípica amistad. Ambos tomábamos las cosas con precaución. A decir verdad,

con miedo, con terror a volver a entregar el corazón. Alessandra era mi compañera de vida, estuvo antes que cualquiera y estará por siempre.
En noviembre pasado otro camarada perdió la vida de una manera muy misteriosa. Amigo de la infancia, compañero de muchas historias, padre de un pequeño y único hermano de Alessandra. Su amado hermano se marchó de este mundo y la dejó sola, para mi sorpresa, se fue después de haber predicho su muerte varios años antes con bastante precisión.
Que cruel fue su Dios al hacerla una mujer buena, cariñosa, humilde y alegre; y después permitir que su corazón se partiera en mil pedazos. El funeral se dio en la casa vecina y fue el más grande que haya visto en mi vida. Hubo música mexicana en vivo, llevaron caballos de baile y alcohol. "Que mi muerte sea una gran fiesta" dicen un sin número de canciones, pero yo nunca había visto lo hicieran efectivo. Lo despidieron bien, justo como a él le hubiera gustado. La calle estaba llena de autos y gente tomando, la banda sonaba y aquí y allá, todos hablaban de él. Un gran tributo para ese muchacho. Pero... si te adentrabas entre la multitud... más allá de la gente bebiendo... más allá de los caballos bailando... aún más allá de los músicos tocando, en un pequeño cuarto acondicionado estaba un cuerpo siendo velado, una hermana rota y un padre cansado. De la mamá de Alessandra no puedo hablar, no la vi en todo el proceso. Cuentan que la noticia la tumbó y fue a dar al hospital. "¡Que esté bien!" Rogaba, ¡Qué esté bien, porque si algo le pasa, la vida de mi niña se acaba!
En una silla de madera que yo conocía bien, estaba sentada mi Alessandra, viendo hacia la nada, conteniendo el dolor. A su derecha, su padre; hombre fuerte, pero vencido por la pena. Y alrededor de la pequeña sala a la que yo visitaba cuando era un adolescente se encontraban familiares; gente que se había ganado mi aprecio y respeto años atrás, sabía que yo contaba con el de ellos porque me recibieron bien. Moría de ganas de acercarme a Alessandra, consolarla, decirle que todo iba a estar bien, abrazarla fuertemente y sostener su dolor aún que sea por un momento. Sentía una fuerza casi divina que me invitaba a

decirle que no estaba sola, que yo estaría con ella toda la vida para velar su dolor, pero no ocurrió... no pude porque hubo otra fuerza, esta última casi demoníaca, que me recordaba que si le volvía a fallar le destruiría el corazón y esta vez para siempre. Me limité a quedarme parado a un costado del cajón de su hermano, haciendo guardia, prometiéndole de corazón al hombre caído que, no sabía cómo lo iba a hacer, pero cuidaría de su hermana. Todo esto, mientras la banda no dejaba de tocar canciones de despedida.
Alessandra me había regalado el cariño más sincero, el más puro, el más real, el más grande. Ella era prueba viviente de la bondad, de la paciencia y la ternura. Era un ser humano tan especial. Ella era inocente y pagó, ¿Qué nos esperaba a los impuros, a los cobardes, a los infieles, a los desleales? O tal vez... solo tal vez su Dios no había sido cruel, tal vez... se me ocurre que tal vez le mandó a alguien, un compañero de vida, un valiente hombre que tomaría su mano en cada batalla, alguien que la miraría con comprensión y le diría «tú puedes, no te dejaré sola. Tú puedes» Quizá, solo quizá su Dios no fue cruel, quizá me mandó para darle mi hombro, entregarle mis brazos y dedicarle cada noche, cada mañana minuto a minuto, por el resto de mis días a hacerla reír. Pero de valiente no tuve nada, fui cobarde y fallé.

Capítulo XIII

Han pasado tres años desde la muerte de mi amigo y solo dos de que comencé a escribir este libro. Prolongué su escritura esperando tener algo alegre para contar. Quise cerrar un el famoso final feliz, pero no ocurrió. Pude haberlo forzado con la simple ayuda de la literatura, pude haber escrito que mi amigo se me apareció entre sueños, que vestía una túnica blanca y me llevó a conocer el cielo donde ahora vive. Pude haber dicho también que jugamos fútbol con los ángeles y charlamos lo que quedó pendiente, pero no es así... no ocurrió. Soñaba con contar que me casé con Alessandra, que encontramos paz juntos o al menos que mejoró si situación, que dejó de pagar penas. Quería decir que los Ochoa sanaron pronto y mamá encontró alguien con quien envejecer, pero nada de esto ocurrió. Y aunque todas las palabras que conforman este libro, llenas de melancolía y dolor merecen un final abarrotado, si no de alegría, al menos de esperanza, no lo escribiré porque no lo hubo. No casaré al plebeyo con la princesa, no diré que todos vivieron felices para siempre. Mi mensaje no es de falsa esperanza, ni de desazonado consuelo, ni de autoayuda barata. Soy un simple mortal que un día perdió a su mejor amigo y nada más, no conozco un camino rápido para librar el duelo. Sigo teniendo pérdidas y me preparo para el futuro. Con el paso del tiempo no siento ganar ninguna batalla y siento perder ánimos y ganas de vivir. Dicen que el protagonista nunca muere y es casi un mandamiento, pero yo, protagonista de mi propia vida, he tenido días en los que no me siento vivo.

Recuerdo a mi mejor amigo, un muchachillo unos años menor que yo que vivió al extremo, conoció las calles de mi ciudad y en mi ciudad murió. Varias veces he visitado su tumba esperando respuestas, pero solo doy con más y más silencio. Él ya no está ahí, hay más de su persona en mi cabeza y mi pecho que en esa fría lápida. Entonces me digo que quizá tres años son suficientes, quizá ese silencio en el panteón me grita

una verdad inalterable: ya no está, mi tiempo con él se terminó, lo haya aprovechado o no. Siempre recordaré a Dany y a todos los que ya no están con nosotros, negarme a que su ciclo terminó es negarme a que alguna vez comenzó, es por eso que acepto su muerte como parte de su vida y parte de la mía.
Pero que nadie diga que no fui valiente, que nadie se atreva a mencionar que me dejé vencer por el dolor. Supe llorar cuando debí llorar y supe entender cuando alguien más quería hacerlo. Hoy le debo gran parte de mi persona a aquellos que estuvieron para mí en mi duelo, aquellos que no supieron qué decir mientras me daban una palmada en la espalda y sin embargo no se alejaron. Tengo un fuerte abrazo preparado para mí hermano que me insistió que tomara terapia, para mamá que llamó día y noche y para papá con quien me alegra decir que me reconcilié y sigue dándome ejemplo de vida. Es aquí donde puedo decir que soy hijo de grandes padres, soy hermano de grandes hermanos y tuve la fortuna de ser amigo de un gran amigo.
No he sanado, aún me despierto llorando en las madrugadas, aún me pregunto qué habrá sido de mi pequeño sobrino, aún creo que la vida es una perra rabiosa. Y sí, este vaivén de desilusiones, desamores y muertes es la vida. No hay más... no hay un pasadizo secreto que te lleva al castillo encantado a vivir una aventura increíble. No hay lámpara mágica ni hada madrina.
Y sí, el final feliz es el invitado para el que te preparas; le cocinas, te das una ducha, te perfumas con lo mejor, pones tu vajilla más cara sobre el mantel más llamativo en la mesa que retocaste con pintura en la mañana. Ya con tu mejor vestimenta y con una bella melodía sonando, esperas pacientes en tu sofá una o dos horas, luego te asomas a la calle esperando verle, al no encontrarlo regresas al sofá, pero no por mucho pues media hora después regresas a la calle a buscarlo.
Y si fuiste paciente, perseveraste, esperaste con calma, sonreíste cuando tomabas una copa de vino mientras esperabas; si hiciste todo de la

mejor manera y con un poco de suerte puede que en algún momento de la velada logres darte cuenta de que el final feliz no va a llegar.
Fuimos saboteados en la infancia, nos tomaron el pelo, no hay final feliz.
Pero hay días en los que ni siquiera añoramos el final feliz, con que sea el final nos conformamos... con saber que un día descansaremos.
Lo dije al inicio, necesitaba penas para evitar meterme de hastío, penas o alegrías y como las segundas no se reparten por montones, penas me dio la vida.
Pero si la felicidad cada vez es más inalcanzable, si el dolor es más frecuente e insoportable y la rutina y el tedio no son el camino; si el amor es dolor y la amistad no nos salva; si la familia es frágil ante la muerte y estamos solos con nosotros mismos ¿Qué nos queda?
¡Eso! Estamos nosotros mismos para nosotros mismos y no debemos fallarnos. Tenemos a la literatura, a la música; está la playa, el paisajismo. Hay pequeños momentos de alegría y sonrisas espontáneas; hay gente buena... ¡Hay gente buena! Nos quedan las nubes, el cielo nos pertenece y las estrellas están ahí. Está el arte, estás tú. Y te aseguro que podrás salvarte tú mismo siempre que puedas poner café en tu taza y sentarte a escuchar la lluvia caer. Y así, cuando muramos el martes próximo o unos cincuenta años, que nadie diga que fuimos cobardes, que digan que no nos dimos por vencidos, que digan que buscamos ser dignos, ser íntegros y originales. Que digan que dimos la mano a quien nos dio la mano, que acompañamos a quien nos acompañó. Que digan que vivimos con tanta pasión que no nos faltó vida, que fue insuficiente.
Que digan que fuimos sinceros con los demás y con nosotros mismos.
Que digan que no fuimos cobardes en el amor.
Todos tenemos al menos a una persona que daría la vida por nosotros y no es poco, de ninguna manera debería de ser poco. A decir verdad, debería de ser suficiente para ver de frente cualquier obstáculo y dar lo mejor que tenemos, sin pensar si este es un pedazo de grava o un volcán.
En cuanto a Alessandra...
Mi niña Alessandra. Víctima del desamor y la muerte.

Mi compañera de vida; mi desafortunada protegida.
Alessandra, mi alma entera.
La que siempre estuvo y siempre estará.
La que hace no más de una semana perdiera a su madre cuando pensábamos que la vida no podía ser más injusta con ella.
Se volvió increíblemente fuerte. Sí, pero a costa de qué.
Alessandra, la niña que invadía mis sueños; la mujer que conquistó mi corazón.
Toda ternura y toda dulzura. Yo la vi reír, la vi llorar, la vi amar.
Alessandra, el amor de mi vida.
Yo no era salvador de nadie y no lo fui de ella, pero quizá... quizá aún era tiempo de creer en el amor... quizá si tocaba su puerta y con toda sinceridad tomaba su mano... y si a ella se le nublara la vista al verme ahí... si me aceptara un abrazo profundo, de esos que unen dos almas... lo digo como una posibilidad. Si perdonara mi pasada cobardía, si se atreviera a creer de nuevo en el amor. Si me dejara usar este *seudo poder* de comprender sentimientos ajenos para ayudarla. Pero... sobre todo... si aún me amara, yo le entregaría lo mejor de mí y lucharía por quedarme para siempre a su lado.

En la memoria de:

Daniel Alejandro Ochoa Castillo

Iván Mateo Soto Hernández

Edgar Cortez Balbuena

Sandra Balbuena Mesa

Andrea Elizabeth López López

José de Jesús Covarrubias González

Javier Hernandez Ornelas

Y

El Señor Cura Juan Manuel

Su recuerdo vivirá por siempre en este libro, en mi memoria y en mi corazón.

"La muerte no existe, la gente sólo muere cuando la olvidan; si puedes recordarme siempre estaré contigo."

Eva Luna, Isabel Allende.

www.ingramcontent.com/pod-product-compliance
Lightning Source LLC
LaVergne TN
LVHW040907150826
845672LV00007B/1931

* 9 7 9 8 8 4 8 6 0 0 0 0 1 *